Micheline Cumant

Musicien et Professeur de Musique au XVIIIème siècle

La Pédagogie Musicale en France

au XVIIIème siècle

et son application dans

les ouvrages théoriques

pour instruments à archet

Cet ouvrage est une adaptation d'un mémoire de Maîtrise soutenu en 1990 à Paris-Sorbonne. Il s'adresse aux élèves musiciens et aux amateurs qui désirent parfaire leur culture musicale et surtout cherchent à s'échapper des idées reçues. Souvent, le musicien, qui étudie la musique dite « classique » apprend scrupuleusement le solfège et essaye de faire « exactement ce qui est écrit ». Or, cet adage vaut pour la musique du dix-neuvième siècle, qui tend à noter le plus exactement possible l'effet sonore afin que « rien ne se perde ». Or, on le sait, on peut enregistrer deux interprètes qui jouent scrupuleusement la partition : les interprétations vont différer. Au dix-huitième siècle, la notation n'est pas encore totalement fixée et les compositeurs laissent les interprètes orner les œuvres, ajouter leur touche personnelle.

Mais le propos central de cet ouvrage est la pédagogie : comment apprenait-on la musique ? À coups de règle sur les doigts, ou au contraire se souciait-on de développer le goût musical des élèves ? Les gens étaient-ils plus doués ? Y avait-il des ouvrages, des méthodes ?

INTRODUCTION

Apprendre tout et n'importe quoi, vite et sans efforts, semble être un phénomène très actuel. Nous rencontrons souvent dans les rayons des librairies ou sur le net des ouvrages ou des articles de vulgarisation, du type : « L'Anglais en quarante leçons », « Le jardinage facile », « Bricolez comme un pro », « La gymnastique sans douleur », « Je joue de la guitare », « Le Bridge en un jour » ... qui ne s'est pas laissé tenter par ces recettes magiques ? La musique n'échappe pas à cette tendance et tous les moyens sont mis en œuvre pour que devienne enfin accessible au grand public cette science aride qui se refuse à être « ingérable » « en quarante leçons ».

Bien sûr, les moyens modernes d'audition et de production musicales, de plus en plus parfaits, nous rendent semble-t-il paresseux, mais nous aurions bien tort de nous priver de tous ces outils électroniques qui nous permettent de jouer juste, d'enregistrer, de partager et même de créer un accompagnement, au minimum d'imprimer instantanément. En fait, nous n'avons jamais été aussi environnés de musique qu'aujourd'hui ... on serait dans certains cas tenté de dire « de bruit », car la production musicale environnante, que nous consommons par tonnes, souvent de manière forcée, varie sur le plan de la qualité ! Dans « les temps anciens », pour entendre de la musique, il fallait trouver un exécutant, se rendre au concert ou à l'église, ou être musicien soi-même.

Serions-nous moins doués que nos ancêtres ? Rencontraient-ils autant de difficultés que nous dans l'apprentissage de l'art musical ? Et se souciait-on de la manière d'apprendre, de la pédagogie ?

Le *Mercure de France*[1] de mai 1732 nous livre cette réflexion :

« *La musique n'a qu'un défaut : elle est trop difficile à apprendre. Et je ne parle que du chant (...). Géométrie, algèbre, analyse, physique, etc ... ne*

---

1 Le *Mercure de France* : Cette revue mensuelle fut fondée en 1672 sous le nom de *Mercure Galant* et devint en 1724 le *Mercure de France*. Elle est consacrée à la littérature, à la musique, aux arts et aux sciences en général. Elle parut jusqu'en 1823.

sont rien à côté (...). La musique n'est difficile que parce qu'on l'apprend par routine, exercice, habitude, mémoire (...). Il faut apprendre l'harmonie. » [2]

Se souciait-on de présenter aux enfants un apprentissage (musical ou autre) d'une manière adaptée à leur âge ?

Citons encore le *Mercure de France* de Juin 1732 :

« Un alphabet occupe utilement les enfants, il ne parle qu'aux sens (aux yeux, le sens le plus vif) et à l'imagination, tandis que le maître parle aux oreilles. (...) Par l'alphabet ne profite-t-on pas même des imperfections de cet âge pour le progrès des connaissances puisqu'on n'y emploie que la voye du plaisir, surtout si l'alphabet est de bon pain d'épice ou de quelque autre pâte sucrée ». [3]

Rappelons que parmi les précurseurs de la pédagogie « moderne » se détachent le Pasteur Jean-Frédéric Oberlin (1740-1826), auteur d'une méthode de lecture et initiateur des « jeux pédagogiques », et Madame Félicité de Saint-Aubin de Genlis (1746-1830), auteur d'ouvrages sur l'éducation des filles, qui fit fabriquer des maquettes et des marionnettes et faisait jouer des saynètes théâtrales à ses élèves. Il n'y avait pas que Jean-Jacques Rousseau dans l' « Émile » pour parler d'éducation !

Nous connaissons des compositeurs et des virtuoses à toutes les époques. Mais qu'en était-il des amateurs ? Comme nous l'avons souligné plus haut, pour entendre de la musique, si l'on ne pouvait se rendre au concert, il fallait pouvoir jouer soi-même d'un instrument. Ceci supposait qu'on l'avait apprise dès son plus jeune âge. Sinon, pouvait-on s'y essayer, ou se perfectionner à l'âge adulte, si l'on n'avait que peu de temps à y consacrer ? Citons Bernard Champigneulles [4]:

« Sous les règnes de Louis XV et de Louis XVI, la vie musicale comme la vie intellectuelle trouve dans les salons son meilleur terrain d'épanouissement ;

---

2 *Le Mercure de France*, Mai 1732 : « au sujet de la publication d'une Méthode pour apprendre la musique en peu de temps », par L.P.C.J. (auteur non identifié).
3 Ibid., Juin 1732, extrait d'un article sur le « Bureau Typographique ».
4 Champigneulles, Bernard, « *L'âge classique de la musique française* », Paris, Aubier, 1946.

les deux sont d'ailleurs intimement fondues. C'est le triomphe de l' « Honnête Homme », qui s'intéresse à tout – souvent de façon un peu superficielle – et n'a pas de spécialisation. »

En 1695, « Madame »[5] (ou : « La Palatine »), mentionnait dans sa correspondance la faveur qu'avait la musique à la cour de Louis XIV : la danse avait été prisée durant la jeunesse de Louis XIV (qui la pratiquait beaucoup), pour laisser place à la musique.

Dans le *Mercure de France* de Mars 1741, figure l'annonce de la publication prochaine (octobre 1741) d'un ouvrage de Geminiani[6], intitulé : *« Guide Harmonique, ou combinaison simple et sensible de tous les rapports que les sons peuvent avoir entre eux, ouvrage par le secours duquel, sans avoir aucune connaissance de la musique et sans cependant sortir des règles de la composition, on pourra dans l'instant composer de la façon la plus exacte et la plus harmonieuse et varier cette composition à l'infini. »* L'auteur de l'article le commente ainsi :

« Les amateurs de musique, surtout ceux qui s'adonnent à la composition, ne peuvent trop s'intéresser au succès d'un ouvrage qui semble enfin nous dévoiler ce qu'un art, aussi agréable et aussi utile, a paru avoir jusqu'à présent de difficile et d'obscur ».

Ce souci de trouver en la musique une distraction aisée, n'obligeant pas à trop de contraintes, apparaît également dans la citation suivante, extraite du *Journal de Musique pour une Société d'amateurs*[7] :

« Les musiciens vivent vieux, plus vieux que les peintres et gens de

---

5 « Madame » : Elisabeth-Charlotte de Palatinat-Simmern dite « la Palatine » (1652-1722), épouse de « Monsieur, frère du Roy » Philippe d'Orléans. On connaît sa correspondance avec sa famille allemande, qui décrit les mœurs et la façon de vivre de la cour … sans ménagement aucun, la Princesse ayant le verbe haut et appelant un chat un chat !
6 Francesco Geminiani (1687-1762), compositeur, violoniste et pédagogue italien, auteur d'oeuvres de musique de chambre et orchestrale ainsi que d'ouvrages pédagogiques.
7 Le *« Journal de Musique pour une Société d'Amateurs »* est une publication périodique dirigée depuis 1773 par Charles Mathon de la Cour, qui fit suite *Journal de Musique* créé en 1770 par Nicolas Framery. Il peut être consulté sur *google books*.

lettres. (…) Mais attention : la musique qui est favorable à la santé est la musique simple, près de la nature. La musique savante et trop hérissée de difficultés n'est plus un plaisir, c'est un travail ».

Nicolas Framery [8] fit paraître en 1770 le premier numéro de son *Journal de Musique*. Il en annonça la parution par un prospectus ainsi libellé :

« Nous ne négligerons rien de tout ce qui pourra procurer aux personnes qui ont du goût pour la musique et qui n'en auraient néanmoins aucune teinture, les moyens de s'instruire, en leur évitant le dégoût de cette pratique élémentaire (…) dont la sécheresse rebute beaucoup de personnes ; et ceux qui ne voudront pas sacrifier un temps considérable pour apprendre la musique, donneront volontiers quelques quarts d'heures pour avoir une notion suffisante de cette science. (…)

Cinq parties :

I. Recherches historiques sur la musique de tous les pays … anecdotes sur les effets de la musique et sur la vie des musiciens et amateurs célèbres.

II. Annonces et extraits de tous les ouvrages nouveaux de musique de France et des pays étrangers … et copie gravée de tous les airs nouveaux … Il y aura des accompagnements de harpe, guitare, violon, flûte ou clavecin.

III. Recherches sur la composition, les progrès, la perfection et le jeu de chaque instrument.

IV. La Danse … nous donnerons les figures des danses nouvelles.

V. Maîtres et maîtresses de musique, marchands de musique, facteurs, copistes, musique ou instruments à vendre ou louer, concours d'organistes, concerts publics, spectacles.

(…) Nous invitons (…) les musiciens et gens de lettres à nous communiquer tout ce qu'ils connaîtraient et auront de relatif à la musique. »

Les premiers volumes de ce périodique proposent un cours de théorie musicale,

---

[8] Nicolas Framery (1745-1810), écrivain, poète, dramaturge et compositeur français.

d'harmonie et d'analyse, tiré du *Dictionnaire de Musique* de Jean-Jacques Rousseau [9], avec commentaires de l'auteur.

Il y avait donc chez l'apprenti musicien ou l'amateur du XVIIIème siècle une demande d'ouvrages clairs et relativement courts, et les compositeurs et éditeurs s'ingéniaient à la satisfaire. Il est vrai que ce siècle est celui de l'*Encyclopédie* de Diderot et d'Alembert, parue entre 1751 et 1772, somme de toutes les connaissances, dont les articles sur la musique furent pour la plupart rédigés par Jean-Jacques Rousseau. Les auteurs de cette époque cherchent davantage à instruire qu'à plaire au goût du jour, et le public est friand de connaissances techniques et artistiques.

Dans cette tendance pédagogique, ce siècle vit l'invention de nouveaux systèmes de notation musicale, dont la méthode alphabétique de Jean-Jacques Rousseau, mais qui ne restèrent pas dans les annales. En revanche, c'est à cette époque que Jean-Philippe Rameau posa les principes de son système harmonique [10]. De nombreux ouvrages théoriques furent édités, traitant de la technique musicale mais aussi touchant à l'art, à l'esthétique musicale.

Enfin, la « Querelle des Bouffons », qui divisa la France musicale à partir de 1752 fut le point de départ de nombreux libelles, pamphlets ou échanges de vues comparant le style musical français et le style italien.

Tous ces événements ne pouvaient qu'inciter l'amateur éclairé à en savoir plus. Mais comment, dans quelles conditions pouvait-il s'instruire ou se faire entendre ? Attachait-on au choix d'un maître une certaine importance, ou celui-ci n'était-il que le personnage en livrée que nous décrivent les biographes de Haydn ? C'est ce que nous examinerons dans une première partie, en nous attachant plus particulièrement aux

---

9 Jean-Jacques Rousseau : *Dictionnaire de Musique,* paru en 1768.
10 Jean-Philippe Rameau : *Génération Harmonique,* 1737 ; *Démonstration du Principe de l'Harmonie,* 1750.

instruments à archet dont nous étudierons l'évolution de l'enseignement en seconde partie. Enfin, nous examinerons les traités théoriques pour ces instruments et tâcherons de dégager s'il y a lieu l'évolution de leur forme.

CHAPITRE I
L'Exercice de la Profession de Musicien
La Pratique et l'Apprentissage

L'on sait que l'apprentissage du chant, du solfège, se faisait surtout dans les maîtrises des cathédrales, du moins pour les jeunes garçons de condition modeste. L'Académie Royale de Musique possédait son école de chant, pour jeunes gens et jeunes filles. De nombreux professeurs particuliers exercent, mais le nombre que nous en connaissons, par exemple par les annonces du *Mercure de France* ou du *Journal de Musique* est certainement bien inférieur à la réalité (il suffit de compter les exécutants prenant part aux concerts, ou les personnes de la noblesse capables de jouer d'un instrument).

Nous signalerons l'expérience de ces « Écoles gratuites de Dessin », décrites dans cette annonce du *Mercure de France* de Mars 1771. L'expérience a au moins été reconduite durant l'année 1772, d'après la même source :

> *« La musique se fait honneur en contribuant au soutien des autres arts dans les Écoles gratuites de Dessin. Les plus célèbres musiciens, à l'invitation de Monsieur Gaviniez* [11]*, ont donné dans le mois de Décembre dernier un concert public dont le profit est destiné à ces écoles utiles pour former des artistes et des ouvriers intelligents dans les différentes professions qu'ils doivent embrasser. »*

L'idée d'un enseignement gratuit (hors d'une communauté religieuse) n'était donc pas étrangère à l'époque. Mais rien, ni documents officiels ni anecdotes, ne peut (jusqu'à présent) prouver qu'elle ait pu être érigée en système.

Nous connaissons, par contre, les statuts de la profession musicale, dont les premiers datent de 1407.

---

[11] Pierre Gavinies ou Gaviniez (1728-1800), compositeur français.

1. Statuts de la profession.

Les musiciens professionnels appartenaient à la « Confrérie de Saint-Julien des Ménétriers ». Les statuts de celle-ci ont été confirmés par lettres patentes de Louis XIV en octobre 1658, et enregistrés à la prévôté de Paris en janvier 1659. Ces *« Statuts et reglemens des maistres de dances et joueurs d'instrumens tant hauts que bas pour toutes les villes du royaume »* ont été édités en 1753 à Paris chez « D'Houry fils, imprimeur de la communauté »[12].
En voici les points principaux :

> *I. Les Maîtres, tant à Paris qu'es autres villes de ce Royaume, seront tenus d'obliger leurs apprentis pour quatre années entières, sans qu'ils les puissent dispenser dudit temps, l'anticiper, ni décharger leurs brevets de plus d'une année. (…)*
>
> *II. Les dits Maîtres seront tenus, suivant l'ordre accoutumé, de présenter leurs apprentis lorsqu'ils les prendront, audit Roy des Violons, et faire enregistrer leurs brevets sur son Registre, comme dans celui de la Communauté. (…)*
>
> *III. Les dits Maîtres ne pourront enseigner les jeux des instrumens et autres qu'à ceux qui seront obligez et actuellement demeurant chez eux en qualité d'Apprentis. (…)*
>
> *Lors que lesdits apprentis, après leur temps d'apprentissage expiré, se présenteront à la Maîtrise, ils seront tenus de faire expérience devant ledit Roy, lequel y pourra appeler vingt des Maîtres que bon lui semblera, pour les Apprentis, et dix pour les Fils de Maîtres ; et s'il les trouve capables, leur délivrera la lettre de Maîtrise.*
>
> *(…)*
>
> *VI. (…) Aucune personne regnicole*[13] *ou étrangère ne pourra tenir École, montrer en particulier la danse ni les Jeux des Instruments hauts et bas,*

---

12 Ces statuts sont cités et commentés dans la thèse de droit de P.Loubet de Sceaury : *« Musiciens et facteurs d'instruments de musique sous l'ancien régime, statuts corporatifs »* (Paris, 1949).
13 « Regnicole » = « du royaume », donc français.

s'attrouper ni jour, ni nuit, pour donner Sérénades, ou jouer desdits instruments en aucune Noces ou assemblées publiques ou particulières, ni par tout ailleurs, ni généralement faire aucune chose concernant l'exercice de ladite science, s'il n'est reçu Maître, ou agréé par ledit Roy ou ses Lieutenants. (…)

VII. Les Maîtres de Faubourgs et des Justices subalternes ne pourront faire aucun exercice dans les Villes, ni faire aucune Jurande ni Maîtrise, au préjudice dudit Roy (…).

VIII. Les Violons privilégiés suivant la Cour ne pourront faire aucune assemblées pour faire Sérénades ni jouer des Instrumens, ni faire aucune chose concernant ladite Maîtrise, en l'absence de Sa Majesté, en cette Ville de Paris.

IX. Si aucun apprenti, durant le temps de son apprentissage ou après icelui expira, alloit jouer aux Cabarets et lieux infâmes, ou en autres lieux publics, comme Salle à faire Noces, il ne pourra jamais aspirer à la Maîtrise, au contraire en sera perpétuellement exclus.

X. Les Maîtres ne pourront entreprendre les uns sur les autres, ni aller au devant de ceux qui auront besoin d'eux, ni prendre autres que leurs Compagnons pour jouer avec eux. Et quand ils seront loués à quelqu'un pour un ou plusieurs jours, ni celui qui aura promis, ni ses Compagnons qu'il aura choisi avec lui, ne pourront pour quelque cause que ce soit se dispenser du service qu'ils auront promis ; entreprendre autres Compagnies dans ledit tems, ni faire plusieurs marchés à la fois (…).

XI. Aucun Maître ne pourra associer ni mener avec lui pour jouer en quelque lieu que ce soit, aucun Privilégié suivant la Cour, Apprenti ni autre qui ne soit pas Maître.
(…)

XVIII. Et parce que le Roi des Violons ne peut pas être présent en toutes les Villes de ce Royaume, il lui sera permis de nommer des Lieutenans en chaque Ville, pour faire observer les présens statuts et Ordonnances, recevoir et agréer les Maîtres, ausquels Lieutenants toutes Lettres de provision nécessaires seront expédiées sur la nomination et présentation dudit Roi (...) »

2. Sur la nécessité d'avoir un bon maître.

Nous avons déjà évoqué la grande vogue de la musique à la Cour de France. Sous les règnes de Louis XV et Louis XVI, les concerts se multiplient. Toute personne de la noblesse ou de la grande bourgeoisie a sa « chapelle », ou ses musiciens. En dehors des concerts de l'Académie Royale de Musique ou du Concert Spirituel (créé en 1725 par Anne Danican Philidor [14]), citons : les « Concerts de la Reine » ; Philippe d'Orléans, régent de France, lui-même violiste ; Madame de Pompadour ; le Prince d'Ardore, ambassadeur des Deux-Siciles ; Madame de Lauraguais ; le Prince Victor-Amédée de Savoie-Carignan ; les financiers Crozat, Ferrand, Le Riche de la Pouplinière (ce dernier fut le mécène entre autres de Rameau et Gossec) ; le « Concert des Mélophilètes », concert d'amateurs du Prince de Conti.

Dans toutes ces manifestations musicales se côtoyaient amateurs et professionnels. La musique faisait partie de l'éducation. On apprenait le chant, le clavecin (surtout les jeunes filles), la basse de viole, la guitare, la flûte. D'après le Marquis de Dangeau, Louis XIV « s'y connaît fort bien en musique », il joue de la guitare et du clavecin, et a une bonne oreille ; Philippe d'Orléans apprit la basse de viole avec Forqueray ; le Prince de Conti fut l'élève de Daquin pour le clavecin. Le violon, encore qualifié en 1732 par Titon du Tillet[15] d'instrument « bruyant et bon à faire danser », gagne vers cette époque ses lettres de noblesse grâce aux virtuoses italiens ou français qui se produisent au concert (citons entre autres Geminiani ou Jean-Marie Leclair), et est aussi pratiqué.

Si toute personne de qualité se devait d'avoir son maître de musique, encore fallait-il le bien choisir. Nous ne résistons pas au plaisir de citer Diderot dans ce passage du *Neveu de Rameau* [16]:

---
14 Anne Danican Philidor (1681-1728), hautboïste à la Chapelle Royale et compositeur.
15 Evrard Titon du Tillet, (1677-1762), auteur du « Parnasse Français ». L'ouvrage est consultable sur *Google Books*.
16 Denis Diderot (1713-1784) : *Le Neveu de Rameau,* dialogue entre le narrateur, philosophe, et Jean-François

"LUI : Vous donniez des leçons de mathématiques ...

MOI : Sans en savoir un mot; n'est-ce pas là que vous en vouliez venir ?

LUI : Justement.

MOI : J'apprenais en montrant aux autres, et j'ai fait quelques bons écoliers.

LUI : Cela se peut ; mais il n'en est pas de la musique comme de l'algèbre ou de la géométrie. (...)

(...) Ne pourrait-on savoir de Monseigneur de Philosophe quel âge à peu près peut avoir Mademoiselle sa fille ?

MOI : Supposez-lui huit ans.

LUI : Huit ans ! Il y a quatre ans que cela devrait avoir les doigts sur les touches.

MOI : Mais peut-être ne me souciai-je pas de faire entrer dans le plan de son éducation une étude qui occupe si longtemps et qui sert si peu (...)

LUI : Point de chant ?

MOI : Pas plus qu'il n'en faut pour bien prononcer.

LUI : Point de musique ?

MOI : S'il y avait un bon maître d'harmonie, je la lui confierais volontiers, deux heures par jour, pendant un ou deux ans, pas davantage (...)

LUI : Ne lui faudra-t-il pas un ou deux maîtres ?

MOI : Sans doute.

LUI : Ah ! Nous y revoilà. Et ces maîtres, vous espérez qu'ils sauront la grammaire, la fable, l'histoire, la géographie, la morale, dont ils lui donneront des leçons ? Chansons, mon cher maître, chansons ; s'ils possédaient ces choses assez pour les montrer, ils ne les montreraient pas.

Rameau, neveu du compositeur Jean-Philippe Rameau. L'ouvrage fut écrit à partir de 1761, et publié d'abord en Allemagne, traduit par Goethe en 1805, puis publié en France par Delaunay en 1821.
L'ouvrage entier peut être lu sur le site : http://fr.wikisource.org/wiki/Le_Neveu_de_Rameau
et téléchargé sur : http://www.livrespourtous.com/e-books/detail/Le-neveu-de-Rameau/onecat/Livres-electroniques+Auteurs+D-a-F+Diderot,-Denis/0/all_items.html
Il peut être téléchargé sous forme de livre audio (format mp3) sur le site :
http://www.litteratureaudio.com/livre-audio-gratuit-mp3/diderot-denis-le-neveu-de-rameau.html

MOI : Et pourquoi ?

LUI : C'est qu'ils auraient passé leur vie à les étudier. (...) Ce n'est qu'après trente à quarante ans d'exercice que mon oncle a entrevu les premières lueurs de la théorie musicale (...)

MOI : Vous avez montré, dites-vous, l'accompagnement et la composition ?

LUI : Oui.

MOI : Et vous n'en saviez rien du tout ?

LUI : Non, ma foi ; et c'est pour cela qu'il y en avait de pires que moi, ceux qui croyaient savoir quelque chose. Au moins je ne gâtais ni le jugement ni les mains des enfants. En passant de moi à un bon maître, comme ils n'avaient rien appris, du moins ils n'avaient rien à désapprendre, et c'était toujours autant d'argent et de temps épargné."

Si l'œuvre de Diderot est écrite sur un ton satirique, elle n'en révèle pas moins un certain scepticisme quant à la qualification de nombreuses personnes qui s'instituent professeurs.

En 1757, Ancelet, major des mousquetaires noirs, publie ses *"Observations sur la musique, les musiciens et les instruments"* [17] où il insiste sur l'importance de la pédagogie et de la méthode employée :

"Je parlerai maintenant de plusieurs maîtres qui se sont attachés uniquement à faire des écoliers. Je n'en nommerai aucuns, dans la crainte de donner des préférences, et de faire le moindre tort à qui que ce soit, en mettant le lecteur à portée de comparer leurs talens : je me contenterai de dire que ces maîtres bien choisis sont les plus utiles et les plus nécessaires, puisque la musique et les instruments font partie de l'éducation de la jeunesse. Heureux les enfants qui, sans négliger les devoirs de leur état, ont un goût bien décidé pour les plaisirs qu'elle procure ! Ils éviteront bien des ennuis, et même des désordres inséparables de gens oisifs et désœuvrés. Je donnerois la préférence aux Maîtres qui, ayant moins d'exécution, montrent par raisonnement, en

---

17 Ancelet : *"Observations sur la musique, les musiciens et les instruments"*, Amsterdam, 1757.

faisant sentir à l'écolier combien il est important, pour réussir, de répéter longtems la leçon qu'ils leur ont donnée, et de ne la point abandonner, sans en avoir vaincu les difficultés. L'impatience des écoliers retarde leurs progrès : ils passent les Adagio *dans les sonates ; l'*Allegro *leur paraît plus brillant, de sorte que préférant presque toujours les morceaux de vitesse, ils négligent la qualité du son, la netteté, l'exactitude des notes et la régularité de l'archet. Certains Maîtres jouent continuellement devant leurs écoliers, et prétendent s'en faire imiter machinalement, sans expliquer les moyens d'y parvenir, n'ayant pour tout objet que le cachet de la leçon.*

Plusieurs aussi d'entr'eux ont adopté la méthode de faire jouer des Sonates trop difficiles au commencement : ils s'imaginent que, quand on a exercé quelque tems les choses difficiles, on vient à bout très aisément du reste. Ils se trompent, s'ils ne persuadent à leurs écoliers de s'attacher à tirer un beau son, à acquérir la justesse, et à se former un archet, qui est la partie la plus essentielle et la plus négligée (...).

Les Maîtres de clavecin, qui ont formé tant d'admirables écolières, dont le goût et le toucher délicats rendent ce bel instrument susceptible de mélodie (...) Je ne citerai que ceux de leurs Maîtres que j'ai eu le plaisir d'entendre, et entre autres Bournonville, Couperin, Rameau, Dufli, Clairambault fils, Royer et Balbastre : rien ne peut faire mieux leur éloge, que les excellents écolières qu'ils ont formées".

Le même Ancelet cite plusieurs compositeurs et virtuoses du violon dont l'action fut également pédagogique :

"Senaillié, homme de goût et d'assez faible exécution a formé un grand nombre d'écoliers ; il a composé plusieurs livres de Sonates, qui ont plu généralement ... (...)

Le violon vint de plus en plus à la mode, et les gens de condition eurent la permission d'en jouer. Le Clair, qui a voyagé en Italie et dans les pays étrangers, arriva en France pour instruire et enseigner : c'est à cet habile homme que les violons français ont le plus d'obligations ; il leur a montré la manière de vaincre les difficultés ; il a couronné ce mérite en composant des Ouvrages sçavants et corrects, qui doivent servir de modèle et d'instruction à ceux qui auront assez de génie pour entrer dans la carrière de la composition".

Toujours d'après Ancelet, certains bénéficièrent d'une formation particulièrement remarquable :

"Cupis [18], né avec les plus heureuses dispositions, a profité dans sa première jeunesse des meilleurs Maîtres françois et italiens"

"Pagin, imitateur scrupuleux et idolâtre de Tartini [19] son Maître ..."

Hubert Le Blanc, dans son Pamphlet [20], avait professé les mêmes opinions :

"Ayant examiné pourquoi les instruments ci-dessus (luth, harpe, guitare, tympanon) étaient tombés, Forcroi [21] trouva qu'on se lasse d'être écolier toute sa vie. Lorsque les Dames sont mariées, elles quittent le clavecin, si elles ne savent que des pièces ; au contraire, si elles ont appris, étant Demoiselles, l'accompagnement, le mariage ne les empêche nullement de continuer l'exercice de la musique, où même elles surpassent en habileté les jeunes gens les mieux instruits à Paris, lorsqu'ils n'ont travaillé que superficiellement, comme il n'est que trop ordinaire sous les maîtres de Basse de Viole (...).

Une des causes du retard de la Basse de Viole a été l'opinion qu'on en a eu longtemps qu'elle était en propre et particulier à des Maîtres absolus en cet art (...). Les Maîtres de Viole sont-ils excusables d'avoir mis la patience des écoliers à telle épreuve que celle des disciples de Pythagore n'en était que le Prélude ? Après trois fois le temps que dura le siège de Troie, on en était encore à connaître le vrai nœud de la difficulté de l'instrument. Chiffrer le doigt, pointiller la corde, est toujours à recommencer, l'esprit ne trouve pas

---

18 Jean-Baptiste de Cupis de Camargo, violoniste et compositeur né à Bruxelles en 1711 et mort à Paris en 1788. Il avait une sœur, Marie-Anne Cupis de Camargo, célèbre danseuse, et un frère, violoncelliste et compositeur, François Cupis de Renoussart.
19 Giuseppe Tartini (1692-1770), violoniste et compositeur vénitien.
20 Hubert Le Blanc : *"Pamphlet pour la Défense de la Basse de Viole contre les entreprises du violon et les prétentions du violoncelle"*, à Amsterdam, chez Pierre Mortier, 1740.
21 Antoine Forcroi ou Forqueray, compositeur et violiste français (1672-1745).

> *dans cette méthode de point fixe à saisir (...), il vague parmi les cas singuliers, dans lesquels agit une mémoire locale qui ne fait pas principe (...).*
>
> *Les Messieurs, asservis qu'ils étaient à apprendre en Écoliers tous les jours leur leçon pendant toute leur vie (sinon leur dépense s'en allait perdue), ne sçavaient point jouer sur la viole les dessus, pendant que nombre de Dames accompagnent comme des anges sur leur clavecin les basses de Corelli ou celles de Monsieur Michel (Corrette)* [22] *(...). Les Dames étaient parfaitement bien instruites sur le clavecin, et on ne leur cachait rien. Un Maître ne leur dissimulait point son habileté, quoique souvent elles vinssent à l'attraper (...).*
>
> *Il s'est trouvé des mains d'écoliers qui ont fait trembler leur maître qu'ils ne lui enlevassent, comme au geai, les plumes de paon, qui lui sont étrangères, et dont un autre en peu de temps vient à se parer aussi bien que lui (...). Monsieur Le Cler* [23] *a-t-il peur qu'un élève vienne à le surpasser dans la connaissance du violon ?"*

Hubert Le Blanc dit ensuite en substance que le grand violoniste ne se repose pas sur son acquis, mais au contraire cherche constamment à perfectionner son jeu).

Pour Le Blanc, la méthode d'enseignement est donc primordiale, et la Basse de Viole n'est tombée dans l'oubli que parce qu'elle était mal enseignée, ou ne l'était pas du tout. Il donne quelques exemples :

> *"Forcroi le Père (...) n'avait pas fait d'élèves; et l'occasion s'approchait où il en eût fallu bon nombre".*
>
> *"On prétend à Lyon que la viole sera ensevelie par Monsieur LeCler originaire de cette ville ; il est ici question de rendre Paris convaincu que cela provient du manque dans la Méthode de la bien enseigner".*

Quelques années plus tard, nous retrouvons le même souci quant à la qualité de l'enseignant chez J.B.Laborde [24] pour qui le professeur doit régler avec grand soin la

---
[22] Corrette, Michel (1707-1795) : Compositeur, organiste, théoricien, pédagogue, éditeur et copiste français.
[23] Le Cler : Jean-Marie Leclair, compositeur et violoniste français (1697-1764).
[24] Jean Benjamin de La Borde ou de Laborde (1734-1794), premier valet de chambre de Louis XV, receveur général

progression du travail de l'élève qui se montre toujours trop pressé. Il s'en explique ainsi dans son « *Essai sur la musique ancienne et moderne* », dans le chapitre concernant le violoncelle :

> *« Le défaut général de ceux qui jouent de cet instrument est de n'avoir jamais observé qu'il y a des degrés pour parvenir à la parfaite justesse, à l'ensemble des deux mains, à la belle qualité de son, à son égalité, à l'à-plomb de l'exécution. Tous les défauts ne viennent que de l'empressement que l'on a de jouer les difficultés avant que d'être en état de les exécuter. C'est aux professeurs à représenter et à démontrer l'impossibilité où sont leurs élèves d'avancer trop vite. Sans cela, vingt ans d'études seraient vingt ans de perdus.*
>
> *On entend tous les jours des musiciens jouer des Sonates, justes ou non ; et même lorsqu'il ne faut simplement exécuter que les notes de l'accompagnement d'une Sonate, il n'y a ni valeurs observées, ni justesse ; à peine sait-on dans quel ton on est.*
>
> *Quiconque entreprendra de jouer de cet instrument, sans avoir étudié au moins six mois, la Musique dans toutes ses formes, peut renoncer à devenir jamais habile.*
>
> *Nous conseillons donc aux amateurs de ne rien entreprendre que par gradation ; alors ils pourront se flatter de réussir, si la nature ne s'y oppose pas absolument. Nous conseillons aussi aux professeurs de ne pas jouer en même tems que leurs élèves, mais de les écouter, et de les reprendre à mesure qu'ils font des fautes. »*

On le constate, les propos de Laborde rejoignent ceux d'Ancelet dans le dernier paragraphe. De plus, il précise qu'il est nécessaire d'avoir quelques connaissances solfégiques avant de se lancer dans l'étude d'un instrument. (*« ... avoir étudié au moins six mois ... »*).

---

des finances, fermier général, mais aussi violoniste et compositeur, qui écrivit un *« Essai sur la musique ancienne et moderne »* en 1780.

L'on se rend compte d'après les témoignages que nous venons de citer de l'importance qu'avait la qualification de l'enseignant à cette époque. Les propos d'Ancelet peuvent être entendus de nos jours : le professeur qui se contente de jouer devant l'élève jusqu'à ce que celui-ci parvienne tant bien que mal à l'imiter, celui qui se contente de donner doigtés et coups d'archet ne formeront jamais de bons musiciens.

De plus, il est vrai que si des instruments comme le violon ou le violoncelle ont pu s'imposer et remplacer les anciens, c'est grâce à des virtuoses qui non seulement se sont produits au concert mais également ont formé des émules, sinon l'instrument serait mort avec eux. C'est aussi grâce à de tels artistes que des instruments plus modestes ont pu connaître une vogue passagère. Dans le *Journal de Musique* de 1777 (dirigé à l'époque par Charles-Joseph Mathon de la Cour [25]), nous relevons cette anecdote :

> « *Un jeune virtuose d'Aix, Monsieur Châteauminois, joue presque tout ce que peut exécuter un violon sur le flutet ou galoubet de Provence. Il a formé à Lyon plusieurs excellents écoliers et joué devant des personnalités* ».

Jean-Marie Leclair avait suscité beaucoup d'admiration pour son action formatrice. D'autres de ses contemporains ont mérité cet hommage. Ainsi, au sujet de Bernier [26], Laborde [27] écrit :

> « *Il suffisait qu'on parût désirer d'apprendre, pour qu'il s'y prêtât avec le plus grand soin. (…) Son école a été sans contredit la meilleure qui eût jamais existé en France. Il y enseignait des vrais principes du contrepoint et de la fugue. (…) De tous les compositeurs modernes qui ont le plus de réputation, il n'en est peut-être que six qui sachent écrire la fugue la plus simple comme l'écrivait le moindre écolier de Bernier.* »

---

25 Charles-Joseph Mathon de La Cour (1738-1793), critique littéraire et essayiste français.
26 Nicolas Bernier (1664-1734), compositeur et maître de chapelle français.
27 Jean Benjamin de Laborde, op.cit.

Les témoignages abondent touchant aux rapports de maître à élève. Nous avons relevé ceux qui suivent dans l'ouvrage d'Evrard Titon Du Tillet [28] intitulé : « *Le Parnasse Français* », qui est une sorte de dictionnaire et d'anthologie des grandes figures de la littérature et des arts en France sur environ deux siècles.

- Sur Pascal Collasse [29] :

« Il a été l'un des meilleurs élèves du fameux Lully, qui l'employait souvent dans la composition de ses opéras, c'est à dire à remplir ordinairement les parties du milieu de ses chœurs de voix et de quelques-unes de ses symphonies. Les leçons de son Maître et son heureux génie le rendirent très bon musicien et capable de composer par lui-même plusieurs opéras ».

- Sur Sainte-Colombe [30] *et son élève Marin Marais* [31] :

« Sainte-Colombe fut même le Maître de Marais ; mais s'étant aperçu au bout de six moins que son élève pouvoit le surpasser, il lui dit qu'il n'avoit plus rien à lui montrer. Marais qui aimoit passionnément la viole, voulut cependant profiter encore du sçavoir de son Maître pour se perfectionner dans cet instrument ; et comme il avait quelque accès dans sa maison, il prenoit le tems en été que Sainte Colombe étoit dans son jardin enfermé dans un petit cabinet de planches, qu'il avoit pratiqué sur les branches d'un mûrier, afin d'y jouer plus tranquillement et plus délicieusement de la viole. Marais se glissoit sous ce cabinet ; il y entendoit son Maître, et profitait de quelques passages et de quelques coups d'archet particuliers que les Maîtres de l'Art aiment à se conserver ; mais cela ne dura pas long-tems, Sainte-colombe s'en étant aperçu et s'étant mis sur ses gardes pour n'être plus entendu par son élève : cependant il lui rendait toujours justice sur le progrès étonnant qu'il avait fait sur la

---

28 Evrard Titon du Tillet, né en 1677, auteur du *Parnasse Français,* paru en 1732.
29 Pascal Collasse (1640-1709), compositeur français, auteur d'oeuvres lyriques et de motets religieux.
30 Jean de Sainte-Colombe (vers 1640-vers 1700), violiste et compositeur français, connu pour avoir été le maître de Marin Marais. Il est l'auteur de nombreuses pièces pour une et deux violes. Il a été le principal personnage du roman de Pascal Quignard, porté à l'écran par Alain Corneau « Tous les Matins du Monde » (1991), où il est incarné par Jean-Pierre Marielle.
31 Marin Marais (1656-1728), violiste et compositeur, élève de Sainte-Colombe, auteur de nombreuses œuvres pour viole ou pour ensemble instrumental, et également d'œuvres lyriques. Il est également un des principaux personnages du livre et du film « Tous les Matins du Monde », cités ci-dessus. Dans le film, il est interprété par Gérard Depardieu.

viole ; et étant un jour dans une compagnie où Marais jouait de la viole, ayant été interrogé par des personnes de distinction sur ce qu'il pensoit de sa manière de jouer, il leur répondit qu'il y avait des élèves qui pouvoient surpasser leur Maître, mais que le jeune Marais n'en trouveroit jamais qui le surpassât ».

- Sur Marin Marais :

« Marais trois ou quatre ans avant sa mort s'étoit retiré dans une maison, rue de l'Oursine. (…) Il louait cependant une salle rue du Batoir, quartier Saint André des Arcs, où il donnoit deux à trois fois la semaine des leçons aux personnes qui voulaient se perfectionner dans la viole ».

Cependant, tous les grands artistes ne sont pas des professeurs. Dans son *Journal de Musique* [32] d'avril 1771, Framery fait paraître une vie de Louis-Claude Daquin [33], dont nous tirons ce commentaire :

« Daquin avait enseigné à feu Monsieur le Prince de Conti à toucher du clavecin, mais il était d'un caractère trop vif et trop impatient pour s'assujettir à faire d'autres écoliers. (…) Lorsque ce Prince prenait sa leçon, il disait quelquefois à Daquin en badinant : « Faire aller une main, cela se peut ; mais les deux ensembles, je n'en ferai rien : c'est un travail trop rude ».

Dans le même périodique, Ch.J.Mathon de la Cour écrit en 1777 :

« En Italie, les chanteurs renommés et les cantatrices célèbres évitent avec soin de donner des leçons, parce qu'ils craignent que les vices de chant des écoliers n'égarent leur imagination et ne souillent leur mémoire ».

Mais il faut noter que cette réflexion ne concerne que les chanteurs. La carrière d'un chanteur, étant, pour des raisons physiologiques (qui malgré les progrès de la science médicale sont encore valables de nos jours, même repoussées dans le temps),

---
32 *Journal de Musique,* édité par Framery puis par Ch.Mathon de La Cour, op.cit.
33 Louis-Claude Daquin (1694-1772), claveciniste, organiste et compositeur français.

plus courte que celle d'un musicien, on peut supposer que les professeurs étaient des chanteurs qui avaient cessé de paraître en public.

Toujours dans le *Journal de Musique* d'avril 1771, nous avons relevé cette lettre de Monsieur Albanese à Mademoiselle T..., son écolière :

« Le temps est arrivé, il faut, Mademoiselle, que vous voliez maintenant de vos propres ailes. Quoique je cesse de vous continuer mes soins, ne perdez jamais de vue les principes de mon art que je vous ai donnés.

Souvenez-vous qu'il n'y a pont de musique sans mesure ; sans elle, point d'exécution ; c'est un balancier qui met d'accord les mouvements de l'harmonie ; c'est lui qui conduit un orchestre, quelque nombreux qu'il puisse être ; sans lui, la musique la plus belle du monde ne ferait que du bruit.
- Observez dans votre chant la plus grande justesse. Ayez l'oreille attentive au clavecin ou aux autres instruments qui vous accompagneront (...)
- Ménagez votre voix, à faire croire lorsque vous chanterez que vous pourriez en donner davantage si vous vouliez. (...)
- Attachez-vous bien à la prononciation. (...)
- Souvenez-vous que ce qui fait l'âme du chant ce sont les doux et les forts. (...)
- Le grand art d'un chanteur, c'est de savoir bien prendre sa respiration, et de la ménager. »

Revenons à Ancelet, qui, mentionnant la *Querelle des Bouffons* qui opposa à partir de 1754 les musiciens tenant du goût italien et ceux partisans du style français, observe qu'un Maître ne peut bien enseigner que ce qu'il connaît parfaitement :

« L'on ne doit pas non plus être surpris que les Maîtres François qui l'ont (la musique française) *enseignée toute leur vie, se déchaînent contre la musique étrangère ; ils y ont un intérêt trop marqué. Comment auraient-ils pu se résoudre à revenir à l'école, et à étudier une musique dont ils n'auraient pu saisir le goût et les agréments qui ne s'acquièrent que dans la plus tendre jeunesse, et par une très longue habitude ! »*

La réflexion est encore d'actualité : certains enseignants ne remettent pas leur savoir en question, faisant interpréter de la musique de l'époque baroque comme une œuvre romantique, ou refusant tout net de faire étudier une pièce contemporaine. Cet immobilisme tend à s'améliorer, heureusement ! Nous avons assez de moyens de diffusion … Et nous verrons plus loin que jouer de la musique de l'époque baroque n'est pas seulement « faire ce qui est écrit », car tout ne s'écrit pas, et la notation n'est pas encore totalement fixée.

3. Amateurs et jeunes virtuoses.

S'il y avait de bons et de mauvais professeurs, il en était de même des élèves ! On pouvait rencontrer des exécutants amateurs de tous les niveaux … Nous avons parlé des qualités musicales de Louis XIV ; Louis XV avait, quant à lui (selon Jean-Jacques Rousseau) « *la voix la plus fausse du royaume* » ; la reine Marie Leczinska, d'après les chroniqueurs du temps, préférait le jeu à la musique.

Et voici comment Ancelet décrit un concert dans un salon :

« *Quant aux concerts particuliers, ils forment des assemblées composées d'une grande quantité de gens désœuvrés et d'un petit nombre de connaisseurs. (…) Les pères et mères y mènent leurs enfants, ils veulent jouir des dépenses qu'ils ont faites pour leur éducation. On est assommé par ces talents naissants, et l'on est forcé d'applaudir pour plaire aux parents. (…) Les auditeurs pâtissent, l'ennui gagne, on baille, on fait la révérence, et l'on sort* ».

Ce propos est digne du *Neveu de Rameau,* mais qui n'a pas subi une audition d'élèves de conservatoire mal organisée et traînant en longueur, avec des élèves n'ayant pas suffisamment travaillé …

Il est cependant manifeste que toute personne quelque peu cultivée se connaissait en musique. Le *Mercure de France* offre de nombreux articles touchant à cette matière, sur le plan de l'histoire, de la technique, de la littérature ou de la petite histoire.

Citons-en quelques exemples parmi tant d'autres :

- Septembre 1740 :

« Lettre du Sieur Fougeau de Moralec, ancien comissaire Ordinaire de l'Artillerie, à un de ses amis, contenant la description d'une nouvelle machine fort simple, laquelle marque exactement toutes les différentes mesures des Airs de Musique. »

L'objet en question est en fait un métronome à eau, composé d'un goutte-à-goutte et d'une surface sonore sur laquelle les gouttes d'eau tombent à une plus ou moins grande vitesse.

- Juin 1739 :

« Lettre de Monsieur l'Abbé Carbassus, à Monsieur de xxx, auteur du « Temple du Goût », sur la mode des instruments de musique, avec l'origine de la vielle ».

L'auteur qualifie la vielle d'instrument bruyant, confus et inharmonieux, ne pouvant convenir qu'à *« des villageois totalement ignares de bonne musique »* et les guitares, théorbes, luths, d' *« instruments gothiques et méprisables »*. Chacun ses goûts … Louis XIV, bon guitariste, n'aurait pas apprécié !

Le *Mercure* annonce les parutions de divers ouvrages musicaux ou pédagogiques, et publie les comptes-rendus des grands concerts, ainsi que des biographies ou des hommages rendus à des grands exécutants et compositeurs.

Le *Registre de l'Académie Royale des inscriptions et Belles-Lettres* [34] contient plusieurs articles traitant de curiosités musicales :

« Question naturelle et critique : savoir pourquoi les cygnes qui chantaient autrefois si bien, chantent aujourd'hui si mal. »

« Dissertation où l'on fait voir que les merveilleux effets attribués à la musique

---

34 *« Mémoires de Littérature tirées des Registres de l'Académie Royale des Inscriptions et Belles-Lettres »*, 1718-1725, paru dans son intégralité chez Changuion, à Amsterdam en 1731.

des Anciens ne prouvent point qu'elle fût aussi parfaite que la nôtre. »

« Selon les Anciens, la musique adoucissait les mœurs, et par conséquent humanisait des peuples naturellement sauvages et barbares, excitait ou réprimait les passions, guérissait plusieurs maladies ».

Du *Journal Musical* de Framery [35], nous tirons cette amusante comparaison :

« *Lettre de Monsieur l'Abbé Roussier, à l'auteur du* Journal des Beaux Arts et des Sciences *touchant la division du Zodiaque et l'institution de la semaine planétaire relativement à une progression géométrique, d'où dépendent les proportions musicales* ».

D'après l'auteur : SI = Saturne = Samedi.

MI = Soleil = Dimanche.

LA = Lune = Lundi.

RÉ = Mars = Mardi.

SOL = Mercure = Mercredi.

DO = Jupiter = Jeudi.

FA = Vénus = Samedi.

Bon … servez-vous-en pour apprendre l'ordre des bémols (« si-mi-la-ré-sol-do-fa ») en suivant l'ordre des jours de la semaine !

Outre les annonces de concerts, de publications d'œuvres, les comptes-rendus des événements touchant à la musique, ce journal donne des adresses de professeurs, luthiers, vendeurs de musique et copistes.

Toujours par le biais des divers périodiques, nous nous attacherons à présent aux jeunes virtuoses qui se sont révélés au concert par leurs talents d'exécutants, ou aux compositeurs. Pour tous, le « Concert Spirituel » est le plus souvent la plus prisée des consécrations.

---

35 Framery, *Journal Musical*, op.cit.

Le *Mercure de France* se fait l'écho de ces talents naissants :

- Avril 1771 :

« *Monsieur Aldaye fils, âgé d'environ dix ans, a joué sur la mandoline avec autant de rapidité que de précision. Monsieur Darcy, du même âge, a été son digne émule sur le forte-piano et sur l'orgue* ».

- Mars 1772 :

« *On doit bientôt représenter une pièce nouvelle dont la musique est de la composition de Monsieur Darcy, jeune homme de quatorze à quinze ans, qui joue très bien du clavecin, qui a exécuté des pièces d'orgue au Concert Spirituel, et qui a déjà le génie de la composition dans l'âge où l'on peut à peine lire la musique.* »

- Mai 1772 :

« *Mademoiselle Fleuri, âgée de seize ans, et ayant toute la perfection de son talent, élève de Madame Lévêque et de Monsieur Mayer, a exécuté sur la harpe un motet de la composition de Monsieur Burkeffer et un concerto de la composition de Monsieur Mayer* ».

- Juillet 1772 : L'article est consacré au comédien Darcy, père du jeune virtuose déjà cité.

« *On doit d'autant plus s'intéresser à cet acteur, qu'il consacre toute sa fortune et son travail à l'éducation du jeune musicien qu'on a entendu avec étonnement sur l'orgue et le clavecin, au Concert Spirituel ; c'est cet enfant qui a composé la musique d'une pièce exécutée à la Comédie Italienne ; et ce qui fait le plus son éloge, il donne assez d'espérance de ses talents, pour que le célèbre Monsieur Grétry veuille bien l'avouer pour son élève, et lui montrer le génie de la musique* ».

- Décembre 1772 :

« *Mademoiselle Dubois, quatorze ans, élève de l'actrice de ce nom ... a chanté un motet de Mouret* ».

- Avril 1773 :

« *Messieurs Le Duc frères ouvrirent la seconde partie par un concertante de Bach (pour violon) chantant et bien coupé. Monsieur Le Duc l'aîné avait cédé le premier dessus à son frère, qui est aussi son élève. L'élève et le maître ont fait briller leur goût, leur adresse et leur intelligence dans l'exécution de ce morceau* ».

Certes, cette période vit l'éclosion de nombreux jeunes talents. Cependant, tous les grands artistes ne furent pas précoces. Si [36]Clérambault fut organiste titulaire à vingt ans, et si Daquin [37] écrivit un motet à grand chœur à huit ans, Campra [38], lui, fut plutôt tardif :

- Tiré du *Journal de Musique* de Framery de 1771 :

« *Jamais homme n'a été plus tardif que lui* (Campra). *Jusques à l'âge de seize ans, il n'avait jamais rien pu apprendre, pas même à lire. Son esprit se développa tout à coup. Dans l'espace d'un an, il apprit non seulement à lire et à écrire, mais aussi la musique* ».

À l'inverse, le talent de beaucoup de jeunes prodiges n'a été qu'un feu de paille : nous ne trouvons plus trace d'eux par la suite.

Un détail reste à noter : qui étaient les professeurs de ces jeunes artistes ? Les articles ne me mentionnent pas toujours. De nos diverses recherches, nous tirons les remarques suivantes : les chanteuses sont toujours « *élève de ...* » ; les instrumentistes, eux, s'ils ne sont pas élève d'un membre de leur famille, ne voient pas mentionner leurs maîtres ; en ce qui concerne les compositeurs, le maître n'est cité que s'il s'agit de quelqu'un de particulièrement connu.

Nous connaissons les maîtres des personnes de la noblesse : il s'agit en général de compositeurs ou d'instrumentistes célèbres, et leurs élèves entretiennent souvent avec eux une correspondance (comme le fit Forqueray avec Frédéric-Guillaume II de

---

36 Louis-Nicolas Clérambault (1676-1749), organiste et compositeur parisien, le plus connu d'une grande famille de musiciens.
37 Louis-Claude Daquin (1694-1772), organiste et compositeur français.
38 André Campra (1660-1744), compositeur français.

Prusse), et font jouer leurs œuvres.

La plupart des compositeurs et instrumentistes ont appris les rudiments de la musique dans les maîtrises des cathédrales (tel Michel-Richard De Lalande), et leurs premiers maîtres sont donc restés anonymes. Ceux des enfants qui manifestaient des dons étaient confiés à un grand maître, ou bien le Maître de Chapelle ou l'organiste titulaire s'occupait de lui en personne. Ou bien, s'il était instrumentiste à cordes ou à vent, comme Marin Marais, il entrait en apprentissage chez un maître autorisé, nous avons parlé des statuts de la profession. Mais certains n'ont eu que des maîtres obscurs, de ceux « *qui se sont attachés uniquement à faire des écoliers* »[39], ou ils ont voyagé, souvent en Italie, pour acquérir un « métier » cosmopolite.

---

39 Ancelet, op.cit.

CHAPITRE II
Les Instruments à Archet – Étude Organologique

Laissant de côté les claviers (clavecin, épinette, clavicorde, etc … orgue et plus tard pianoforte), nous nous préoccuperons plus précisément des instruments à archet, dont l'évolution au cours du 18ème siècle sera considérable et aboutira à la forme du quatuor à cordes classique et romantique que nous connaissons.

Jusqu'à la fin du 17ème siècle a cours la formule « morceau propice tant aux voix qu'aux instruments » ; et, si l'on distingue la *Sonata* (instrumentale) de la *Cantata* (vocale), les parties instrumentales sont rarement précisées et peuvent être confiées indifféremment à un instrument ou à un autre, seule entre en compte la tessiture (grave, medium ou aigu).

Bernard Champigneulles écrit [40] :

> *« Sans doute les musiciens du XVIIème siècle ne faisaient-ils que percevoir le parti à tirer de ce que nous appelons aujourd'hui la couleur instrumentale et il était fréquent que les parties confiés à la symphonie fussent écrites « pour un instrument », c'est-à-dire pour n'importe quel instrument. Il y avait donc un certain laisser-aller dans la façon dont se jouait la musique d'appartement. Autour du clavecin se rassemblaient un flûtiste ou un violoniste, tandis que – si l'on disposait d'une viole de gambe – un gambiste doublait la partie basse. (…)*
>
> *L'époque classique est caractérisée par l'apparition des violons qui peu à peu remplacèrent les violes (…). Le violon apportait une sorte de codification des accords (qui avaient varié dans les violes au cours des siècles et selon les lieux) en même temps que la « standardisation » à quatre cordes accordées de quinte en quinte ».*

---
40 Bernard Champigneulles, op.cité, chapitre IX : « Instruments et Instrumentistes ».

En même temps, l'art des luthiers dote les instruments à archet de divers perfectionnements : crémaillère de l'archet, mentonnière, amélioration de la fabrication des cordes.

Nous pouvons représenter ainsi l'évolution de l'instrumentation :

Fin 17ème siècle	Deuxième partie du 18ème siècle
Pardessus de viole	Violon
Quinton	
Viole Taille	Alto
Viole de Bras	
Viole Ténor ou bastarde	Violoncelle
Viole de Gambe ou basse de viole	

Examinons l'évolution des effectifs de la Chapelle Royale [41] :

- **En 1692 :** 4 dessus de violon, 1 haute-contre de violon, 1 taille de violon, 1 quinte de violon, 2 basses de violon ou théorbes, 1 grosse basse de violon. Plus 2 flûtes, 2 bassons, 1 basse de cromorne, 1 ou 2 serpents et orgue.

- **En 1712 :** 6 dessus de violon, 3 parties d'accompagnement, 3 basses de violon et 1 grosse basse de violon.
Plus 2 flûtes, 1 hautbois, 1 basson, 1 basse de cromorne et des joueurs de serpent.

- **En 1761 :** 17 violons, 4 quintes, 10 violoncelles et 3 contrebasses.

Donc successivement 10 instruments à cordes, puis 13, puis 34, les violons devenant prépondérants.

---

41 B.Champigneulles, op.cité ; Th.Favier : *Le Motet à Grand Choeur (1660-1792),* Paris, Fayard, 2009 ; Alexandre Maral : *La Chapelle Royale de Versailles sous Louis XIV* – Etudes du Centre de Musique Baroque de Versailles, Mardaga 2002.

Nous avons déjà mentionné le rôle important de Jean-Marie Leclair en tant que formateur, mais aussi comme exécutant. D'autres virtuoses participent à l'évolution de la musique française ; ils sont souvent d'origine italienne, ou français, mais ayant étudié en Italie :

- Pietro Ghignone, dont le nom fut francisé en Jean-Pierre Guignon [42].
- Biagio Marini composa en 1617 ses *Affetti Musicali,* qui sont l'une des premières œuvres « pour violon solo avec basse ad libitum ».
- Agostino Agazzari publie en 1607 un traité « *Del suonare sopra il basso ...* » où il précise divers modes d'exécution pour le violon.
- Gasparo Zanetti fait paraître en 1645 une méthode intitulée : « *Il scolaro per imparare a suonare di violino »,* qui est la plus ancienne méthode de violon connue.

Le tableau ci-après présente l'évolution de l'instrumentarium d'après deux traités de musique, à savoir :

1. Le *Dictionnaire de Musique* de Sébastien de Brossard [43], paru en 1673 (à Paris, chez Ballard).

2. L'*Essai sur la musique* de Benjamin Laborde, paru en 1780 (à Paris, chez l'auteur).

---

[42] Jean-Pierre Guignon (francisation du nom de Giovanni Pietro Ghignone) (1702-1774), violoniste et compositeur français d'origine italienne. Grand virtuose, il fut nommé « Roy des violons » ayant pour charge de superviser les musiciens de l'époque et de faire passer les auditions pour le titre de ménétrier. Voir les statuts des musiciens Chapitre I, 1.

43 Sébastien de BROSSARD (1655 – 1730), chanoine, compositeur, musicologue et bibliophile français, vicaire à la cathédrale de Strasbourg de 1681 à 1698 où il fonda une académie de musique, puis jusqu'en 1715 Maître de Chapelle à la cathédrale de Meaux. Il constitua une importante bibliothèque musicale et est l'auteur du premier dictionnaire de musique en français, paru en 1701. Il légua sa bibliothèque dont il rédigea le monumental catalogue à Louis XV. Il est en outre l'auteur de plusieurs pièces de musique religieuse (cantates, motets) et instrumentale. Ses ouvrages sont conservés à la Bibliothèque Nationale de France dont une salle (site Richelieu) porte son nom.

Comparaison des instruments à archet de 1673 à 1780 : Etude détaillée	
Chanoine Sébastien de Brossard : *Dictionnaire de Musique* **(1673)**	**Benjamin LABORDE :** *Essai sur la musique* **(1780)**
Viole d'amour : dessus de viole pourvu de cordes à résonnance « sympathiques ».	**Viole d'amour :** sorte de violon à 7 cordes.
	Violon d'amour : violon avec 4 cordes « sympathiques », tombé en désuétude.
Viola di bordone : grande viole à 44 cordes ; inusitée en France.	**Viola di bordone :** grande viole à 44 cordes ; tombée en désuétude.
Basse de viole ou **Viole de gambe**	**Viole de gambe :** 6 cordes à l'origine, une 7ème ajoutée par Sainte-Colombe.
Viola Bastarda : basse de violon à 6 ou 7 cordes.	**Viole bâtarde :** tombée en désuétude.
Viola da braccio (voisine de la **viola terza**).	**Viola da braccio :** tombée en désuétude.
Viola prima ou **Haute-contre de violon :** en clé d'ut 1ère ligne.	**Pardessus de viole.**
Viola seconda ou **Taille de violon :** en clé d'ut 2ème ligne.	
Viola terza ou **Quinte de violon :** en clé d'ut 3ème ligne.	
Viola quarta (inusités en France) : en clé d'ut 4ème ligne.	
Violette ou **Dessus de Viole.**	**Violette :** confondu avec l'**Alto Viola**.
Violon ou **Dessus de Violon.**	**Violon.**
Violon Alto ou **Haute-contre de Violon.**	
Quinte ou **Alto.**	**Viola (Alto)** ou **Quinte.**
Ténor de Violon ou **Taille de Violon.**	
Violoncelle ou **Quinte de Violon :** petite basse de violon à 5 ou 6 cordes.	**Violoncelle.**
Violone ou **Basse de Violon** ou **Double Basse.**	**Contrebasse :** 3, 4 ou 5 cordes, par quartes.
Vielle.	**Vielle :** instrument ancien, confondu avec le violon.
Rebec : instrument ancien, petit violon à 3 cordes.	

Ces deux listes nous permettent de constater que le nombre des instruments est passé en 107 ans de dix-huit à douze dont trois inusités. Le violon est devenu prépondérant et le violoncelle a remplacé dans l'orchestre la viole qui reste utilisée toutefois, tandis que l'alto a supplanté les différentes viola da braccio ou viola terza, et la contrebasse les violone ou double basses. La viole d'amour et le pardessus de viole sont encore pratiqués.

Cette évolution est le fait d'une part des virtuoses et compositeurs, d'autre part des luthiers. Si le répertoire de la fin du XVIIIème siècle comprend encore nombre de recueils de pièces « pouvant être jouées sur toutes sortes d'instruments », la composition de l'orchestre classique en quatuor à cordes a pris forme.

CHAPITRE III
Les Méthodes pour Instruments à Archet

Comment nous, musiciens du XXIème siècle (et aussi du XXème!), avons-nous appris la musique ? Posons par exemple la question à un violoncelliste. Il répondra à coup sûr : « Mon professeur m'a d'abord appris à tenir l'archet, j'ai travaillé sur des cordes à vide pendant un certain temps. Puis il m'a fait prendre la méthode de X... dans laquelle j'ai étudié sur des exercices les notes de la première position, puis la gamme de *Do,* puis les liaisons d'archet. J'ai ensuite travaillé des morceaux : la *« Berceuse »* de Schubert, l' *« Ode à la Joie »* de Beethoven, l' *« Allegro »* de Cupis, etc … »

Que l'instrumentiste ait débuté à six ans, dix ans, quinze ans, ou quarante, ses propos ne varieront que sur le plan de la rapidité de sa progression et le choix des partitions, souvent les mêmes au début. La partie théorique sera toute entière contenue dans les explications de son professeur. Ce n'est qu'à partir d'un certain stade que le musicien désireux d'en savoir plus lira des ouvrages traitant de l'histoire, de l'interprétation et des controverses qu'elle suscite, de la lutherie, de la physiologie de l'instrumentiste ou de sa psychologie, ou glanera divers conseils sur la manière de travailler, d'améliorer sa sonorité, ou de se tenir en public. Car, et c'est là le but de notre propos, une « Méthode » pour apprendre un instrument ne consiste de nos jours qu'en un recueil d'exercices et de morceaux propres à assurer au professeur une matière sur laquelle faire travailler un élève. Bien sûr, l'auteur a souvent écrit une préface dans laquelle il précise sa position pédagogique, les éléments qu'il privilégie, et la progression souhaitée.

À l'orée du XVIIIème siècle, une « méthode » ou « traité » est un ouvrage théorique, entièrement rédigé, illustré d'exemples sur portée. On trouve également – et ceci durant tout le siècle – des recueils de pièces dites « faciles » ou « pour les commençants », souvent tirées d'opéras-comiques en vogue.

Dans les pages suivantes, nous donnerons tout d'abord une liste, dans l'ordre chronologique, des traités théoriques et méthodes pour instruments à archet. Suivra un tableau classant ces ouvrages par genres :

1. Ouvrages « à l'ancienne », entièrement rédigés.

2. Ouvrages adoptant une forme « de transition », comprenant une partie théorique importante, mais accompagnée de morceaux et d'exercices progressifs.

3. Ouvrages de forme « moderne », présentant d'entrée une suite d'exercices et de morceaux choisis de difficulté progressive, où la partie théorique est réduite à une introduction et à quelques indications dans le corps de l'ouvrage.

4. Ouvrages qui ne sont pas des méthodes à proprement parler, mais des pamphlets, exposés ou conseils.

CHRONOLOGIE DES MÉTHODES POUR INSTRUMENTS À ARCHET

→ Avant 1700 :
- Manuscrit fin XVIIème siècle, d'auteur anonyme : *Méthode de viole et clavecin*.
- 1685 : De Machy : *Pièces de viole*, en tablature.
- 1687 : Jean Rousseau : *Traité de la Viole*.
- 1687 : Danoville : *L'Art de toucher le Dessus et Basse de Viole, contenant tout ce qu'il y a de nécessaire, d'utile et de curieux dans cette science*.

→ de 1700 à 1789 :
- 1711 : Sébastien de Brossard : *Méthode de violon*.
- 1711-12 : Michel Pinolet de Montéclair : *Méthode facile pour apprendre à jouer du violon, avec un abrégé des principes de musique nécessaires pour cet instrument*.
- 1736 : Jean-Joseph Cassanea de Mondonville : « *Les Sons Harmoniques* », Six Sonates pour violon et basse.
- 1738 : Michel Corrette : *L'École d'Orphée*, méthode de violon.
- 1740 : Hubert Le Blanc : « *Défense de la Basse de viole contre les entreprises du violon et les prétentions du violoncelle* ».
- 1741 : Michel Corrette : *Méthode de violoncelle*.
- 1742 : Michel Corrette : *Méthode de pardessus de viole*.
- 1742 : J.B.Prin : « *Mémoire sur la trompette marine, avec l'art d'apprendre à jouer sans maître* ».
- 1742 : Bodin de Boismortier : *Principes de Pardessus*, œuvre 92.
- 1752 : Francesco Geminiani : *L'Art de jouer le violon, contenant les règles nécessaires et la perfection de cet instrument, avec une grande variété de compositions très utiles à ceux qui jouent la basse de violon ou le clavecin*.
- 1755 : Toussaint Bordet : *Méthode raisonnée pour apprendre la musique, avec l'étendue des différents instruments*.
- 1760 : Carlo Tessarini : *Nouvelle Méthode pour apprendre par théorie dans un mois de temps à jouer du violon*.
- 1760 : (auteur anonyme) : *Nouvelle méthode pour apprendre à jouer du violon*.
- 1761 : J.B.Saint-Sevin dit L'Abbé le fils : *Principes du violon*.
- 1763 : C.R.Brijon : « *Réflexions sur la musique et la vraie manière de l'exécuter sur le violon* ».
- 1766 : C.R.Brijon : *Méthode facile et très nouvelle de pardessus de viole*.
- 1766 : (auteur anonyme) : *Tablature idéale du violon, jugée par feu Monsieur Le Clair* »
- 1767-1768 : Jean-Baptiste Forqueray : *Méthode de viole de gambe*.
- 1770 : Léopold Mozart : traduction française de la « *Méthode raisonnée pour apprendre à jouer du violon* ».
- 1771 : (auteur anonyme) : « *Manière de graduer un violon* », in : « *Mercure de France* », avril 1771, II, PP.188-192. Réponse in : *Mercure de France*, Juin 1771, pp. 206-208.
- 1771 : L.T.Milandre : *Méthode facile pour la viole d'amour*.
- 1772 : Labadens : *Nouvelle méthode pour apprendre le violon*.
- 1772 : Cottu : *Méthode de violoncelle*.
- 1772 : Jean-Baptiste Cupis : *Méthode de violoncelle*.
- 1773 : Michel Corrette : *Méthode de contrebasse, quinte ou alto et viole d'Orphée*.
- 1774 : Th.J.Tarade : *Traité du violon ou règles de cet instrument*.
- 1774 : Tillière : *Méthode de violoncelle*.
- 1775 : Louis-Charles Bordier : *Principes du violon pour apprendre le doigté de cet instrument*.
- 1775 : Pierre-Hyacinthe Azaïs : *Méthode de basse* (violoncelle).
- 1776 : Huberty : *Méthode pour apprendre à jouer de la viole d'amour*.

- 1777 : (auteur anonyme) : *Gamme de violon*.
- 1780 : (auteur anonyme) (peut-être l'auteur du traité) : *Méthode de violoncelle,* in : J.B.Laborde, *« Essai sur la musique »*.
- 1782 : Michel Corrette : *L'art de se perfectionner dans le violon*.
- 1782 : (auteur anonyme) : *La parfaite connaissance du manche du violon*.
- 1786 : L.Bornet dit l'Aîné : *Nouvelle méthode de violon et de musique*.

→ Non daté : E.Loulié : *Méthode pour apprendre à jouer de la viole*.

TABLEAU PAR GENRES DES OUVRAGES THÉORIQUES

DATES	OUVRAGES RÉDIGÉS	OUVRAGES MIXTES	MÉTHODES MODERNES	EXPOSÉS
Fin 17è s.		Manuscrit d'une méthode de viole		
1685				De Machy (viole)
1687	Jean Rousseau (viole) Danoville (viole)			
1711	S. de Brossard (vl)	Montéclair (vl)		
1733			Corrette (vl)	
1740				H.Le Blanc (vlc)
1741			Corrette (vlc)	
1742			Corrette (pardessus)	J.B.Prin (tp marine)
1752		Geminiani (vl)		
1755		T.Bordet (ts instruments)		
1760			Tessarini (vl)	
1761			Saint-Sevin (vl)	
1763	Brijon (vl)			
1767				Forqueray (viole)
1770		Léopold Mozart (vl)		
1771			Milandre (viole d'amour)	
1772			Cottu (vlc) Cupis (vlc)	
1773			Corrette (cb, alto, viole d'Orphée)	
1774	Tarade (vl)		Tillière (vlc)	
1775			Azaïs (vlc)	
1780	Laborde (vlc)			
1782			Corrette (vl)	

vl = violon, vlc = violoncelle, cb = contrebasse.

Notons que toutes les méthodes ne figurent pas dans ce tableau : certaines ont disparu et sont seulement mentionnées dans un article ou dans la correspondance d'un musicien. D'autres n'existent que dans des éditions postérieures à l'époque qui nous intéresse, et se trouvent trop remaniées ou tronquées.

L'examen de ces tableaux nous amène à cette réflexion :

- Les méthodes sont beaucoup plus nombreuses à partir de 1750. À cette époque, les instruments à archet ont acquis la facture que nous leur connaissons, et l'effectif de l'orchestre a évolué : les violons sont prédominants, le violoncelle a supplanté les anciennes violes.

- Un nom domine : celui de Michel Corrette, qui fait œuvre de précurseur dans le domaine formel : sa méthode de violon, qui adopte d'emblée la forme « moderne » (exercices de difficulté croissante, sans autre texte que l'introduction et quelques indications techniques) date de 1738. Celle de Tessarini qui suit date déjà de 1760 et les années suivantes verront apparaître un grand nombre d'ouvrages de même forme, surtout pour le violoncelle, instrument avec lequel se sont fait connaître de nombreux virtuoses, tels Barrière, Massé, Cupis, Azaïs, Tillière, les Duport ou Bréval, pour ne citer que ceux-ci parmi les français.

1. Les Introductions et Intentions.

Elles précisent le plus souvent la position de l'auteur et les points qu'il privilégie, ou énoncent le plan de l'œuvre.

- Pour Th.J.Tarade, son *« Traité du violon »* est le résultat de son expérience de professeur :

> *« Après la quantité de Méthodes et de principes de Musique que nous avons pour le violon, je n'avois nullement dessein d'en composer un traité, ce n'est que pour répondre aux sollicitations de plusieurs de mes amis que je me suis déterminé à mettre celui-cy sous les yeux du public. Mon plan n'est point de blâmer ce qui a été fait jusqu'icy, mais seulement d'exposer la manière dont je me sers, et qui m'a le mieux réussi pour mes Ecoliers. »*

- Pour Geminiani, il s'agit de démontrer que l'art du violon a sa beauté spécifique et ne doit pas être une recherche de quelque chose de spectaculaire :

> *« Mon attention particulière étant (…) de développer les mystères de l'Art, connus d'un très petit nombre dans la foule de ceux qui se flattent d'être au comble de sa perfection ; parce qu'au lieu d'imiter l'Organe parfait de la voix et les beautés naturelles qu'elle renferme, ils s'efforcent au contraire à s'en éloigner, par le choix de ce qui est le moins harmonieux et même choquant comme le Coucou, le Tambour, etc … »*

- Il nous faut nous arrêter plus longuement sur la présentation des ouvrages de Michel Corrette. Celui-ci, qui cumula les fonctions de compositeur, pédagogue, éditeur mais aussi de « publicitaire » avant l'heure, recherche dans la présentation de ses recueils le côté attrayant, amusant, accompagnant d'un quatrain la première illustration, et truffant ses introductions de conseils drôles ou même d'anecdotes, comme celle-ci, extraite de sa *« Méthode de Contrebasse, Quinte ou Alto et Viole d'Orphée »* :

> *« Je crois qu'il est inutile d'avertir ceux qui portent des lunettes et qui joue à*

côté du clavecin d'en avoir de longue vue. Je me souviens d'avoir été dans un concert d'une petite ville d'Angleterre où je vis un trio de lunettes au clavecin, dont chacun des concertants se disputait la préséance du pupitre avec la tête (….).

Par contre, dans la préface de sa *Méthode pour violoncelle* [44], Michel Corrette donne des conseils sérieux pour l'exécution, précisant le rôle de l'instrumentiste qui est d'accompagner la voix ou l'instrument mélodique en l'aidant à garder son assise rythmique :

« Ce que le violoncelle doit observer dans le concert touchant l'accompagnement et la mesure :

Quand le violoncelle accompagne une cantate, il faut nécessairement suivre la voix dans un récitatif, ce qui demande beaucoup de capacité du côté du violoncelle car il faut frapper juste la note dessous celle qui porte accord ; autrement le récitatif est toujours mal accompagné. Ceux qui savent la composition ont beaucoup plus de facilité pour accompagner le récitatif, quand même ils seraient médiocres pour l'exécution ; car icy il n'est pas question de broder ou doubler et tripler les basses ; il faut au contraire jouer les notes telles qu'elles sont écrites, et que l'oreille soit attentive à l'harmonie : ce qu'elle ne peut pas faire, si elle n'est accoutumée aux différents sons des accords et la manière de préparer et sauver les dissonances, ce que la composition enseigne. On peut cependant accompagner le récitatif passablement, sans savoir la composition, en suivant les paroles et les notes de celui qui chante.

Le violoncelle est encore obligé de suivre la voix dans les airs de mouvements, quand celui qui chante ne va pas de mesure.

Le violoncelle observe la même chose quand il accompagne une sonate à un instrument de dessus qui n'est pas encore bien sûr de la mesure ; car les

---

[44] Voir la partition complète : Micheline Cumant : «*Le violoncelle au 18ème siècle – Méthode de Michel Corrette, augmentée d'exercices de divers auteurs, en première position* ». Editions Books On Demand, Octobre 2013.

basses suivent plutôt les dessus que les dessus ne suivent les basses. La raison en est que le dessus se laisse plus volontiers emporter par le chant, ou par quelque passage difficile à exécuter, ce qui lui fait précipiter la mesure, s'il n'y fait attention, les dessus étant toujours plus chanteurs et plus travaillés que les basses ; car pour ainsi dire, le violoncelle tient les rênes du concert, se faisant entendre mieux que tout autre instrument de basse par ses sons harmonieux.

Dans un solo de concerto, ou dans une sonate à violon seul, si le dessus presse la mesure, le violoncelle étant bon musicien doit jouer avec force et battre la mesure pendant une mesure ou deux en tenant ferme le même mouvement dont on a commencé la pièce ; cela remet le dessus dans la mesure, et l'empêche d'aller encore plus vite.

Quoy que les habiles violons jouent les adagios et largos sans battre la mesure, cela n'empêche pas cependant que l'on ne joue de mesure ce que le violoncelle doit aussi observer : et ce que les italiens pratiquent avec beaucoup de justesse, ne battant la mesure que dans les musiques à grand chœur ».

- Danoville donne à l'instrumentiste des conseils sur sa tenue en public :

« *S'abstenir de faire aucunes grimaces, comme signes de teste, ouvrir la bouche, agitation du corps, qui sont des postures qui déplaisent généralement à tout le monde, et font si bien que celuy qui exécute avec contrainte les pièces les plus difficiles, ne plaist pas tant que celuy qui ne jouë qu'un Menuet de bonne grâce : on dit du premier, il a la main bonne, mais il fait des contorsions et des postures en jouant ; et du dernier il ne jouë que de petits airs, mais le tour qu'il leur donne est engageant, et sa bonne grâce luy attire l'admiration d'un chacun.* »

- Brijon, quant à lui, commence par un exposé sur les mérites comparés de la musique française et de la musique italienne. Il en tire les conseils suivants pour l'interprétation :

… Il faut jouer d'un instrument comme on chante, phraser comme la musique vocale.

… Savoir déchiffrer (« exécuter toute sorte de musique, bonne ou mauvaise, à l'ouverture du livre ») est important, mais pour saisir l'esprit d'une pièce, il faut au moins l'avoir parcourue des yeux.

… L'harmonie est certes importante à connaître, mais elle disparaît dans une mauvaise exécution.

… L'essentiel est la conduite de l'archet.

… Quand on joue en groupe, il faut que tous utilisent le même coup d'archet.

… *« Il est dangereux de faire jouer aux commençants des airs trop au-dessus de leurs forces ».*

- L.T.Milandre, dans l'introduction de sa *Méthode facile pour la viole d'amour*, fait l'éloge de son instrument, insistant sur son côté agréable et la simplicité de sa technique :

« Cet instrument semble avoir été inventé pour l'amusement de cet aimable sexe auquel tous les Arts, comme à l'envi, rendent hommage. La douceur de ses sons pénètre jusqu'au cœur et lui a mérité le nom des sentiments qu'il inspire. (…) Je me bornerai à ce qu'il a de plus agréable. Le chant, la double corde, les gentillesses du pincé, et les sons harmoniques, sont les objets que je traiterai après avoir fait connaître les accords, et les différentes gammes que je crois les plus convenables à cet instrument. Il faut laisser au violon les traits étonnants, l'exécution rapide et les modulations sans bornes dont il est susceptible. »

- Jean Rousseau, lui, donne en introduction un historique des instruments voisins de la Basse de viole depuis l'Antiquité.

2. Notions de lecture musicale.

Les pédagogues commencent souvent leur ouvrage par un rappel des connaissances solfégiques nécessaires :

- Les notes dans la clé de l'instrument concerné.
- Les rythmes : l'habituel tableau 1 ronde = 2 blanches = 4 noires, etc …
- Quelquefois : les nuances et autres termes ou abréviations musicales.

Certains font des rappels de notions de théorie au fur et à mesure des difficultés abordées. C'est le cas de Tarade dont l'ouvrage suit le plan suivant :

→ Des clés.

→ De l'octave et des intervalles en général.

→ Des modes Majeur et mineur.

→ Des dièses, des bémols et de leur origine.

→ Des six figures des notes et de leurs valeurs originaires.

→ De la gamme de violon et de son étendue (il aborde à partir de ce chapitre la tenue du violon et de l'archet).

→ Des mesures.

→ De la manière de battre des mesures à 2, 3 et 4 temps simples et composées.

→ Des « valeurs muettes » en général (= les silences).

→ Du mode en bémol Majeur et mineur.

→ Des 12 demi-tons de l'octave ; de la fausse quinte et de la quinte superflue (= augmentée) ; des septièmes ; de la sixte superflue ou italienne, etc …

Il faut signaler une pratique de l'époque qui est de jouer deux croches inégales :

Tarade s'en explique clairement dans l'exemple qui suit :
- La première mesure doit être jouée :
- La cinquième et la sixième mesure doivent être jouées :

Extrait du « Traité du Violon » de Th.J.Tarade [45] :

« Dans la mesure à 2/4 les Croches sont égales étant quart de Mesure.
Leçon en Fa# mineur [46]*:*

Dans toute mesure composée d'un seul Chifre les Croches sont inégales comme cy-dessus ; Elles sont égales dans les Mesures où il y a deux chiffres à la Clef, quand l'Auteur veut exception à cette Règle il le marque en mettant un point entre la 1ère et la seconde, et crochant doublement la seconde. Sans cette indication elles sont toujours égales dans les mesures composées de deux Chiffres. »

On connaît de Sébastien de Brossard un manuscrit d'une méthode de violon. Cet ouvrage commence par une leçon de solfège extrêmement développée, très progressive et où la moindre notion, le moindre terme est expliqué :

« Monter en fait de musique c'est passer d'un son grave à un son aigu ; c'est-à-dire après avoir fait entendre un son bas, ou gros, ou sombre, faire entendre un autre haut, ou clair ou délié. Descendre au contraire c'est passer de l'aigu au grave, c'est-à-dire d'un son clair, haut ou délié à un son bas, gros ou

---

45 TARADE, Th.J. : *Traité du violon*, Paris, chez Melle Girard, 1774.
46 *T* = tirer l'archet ; *p* = pousser l'archer ; + = trille (à commencer par la note supérieure).

sombre. Par conséquent, le son UT étant le plus grave ou le plus bas (...) il est plus bas d'un degré que que le ré ; le ré plus bas que le mi ; le mi plus bas que le fa ; (...) au contraire, le son SI étant le plus haut des sept il est donc plus haut ou plus aigu d'un degré que le la ; le la, plus haut que le sol ; (...) en sorte que chacun de ces sons en particulier est plus haut ou plus bas selon qu'il est placé ou après un plus bas, ou devant un son plus haut, le sol par exemple par rapport au fa, est plus haut, et par rapport au la il est plus bas. (...) On a inventé en différents temps plusieurs manières de marquer ces sons sur le papier et les rendre pour ainsi dire lisibles mais la plus généralement reçue à présent est de servir de plusieurs lignes parallèles sur lesquelles et entre lesquelles on escrit certaines figures qui représentent ou parquent les différents sons cy-dessus. C'est pour cela qu'on donne à ces diverses figures le nom de <u>nottes</u> du latin <u>notare</u> qui veut dire marquer ».

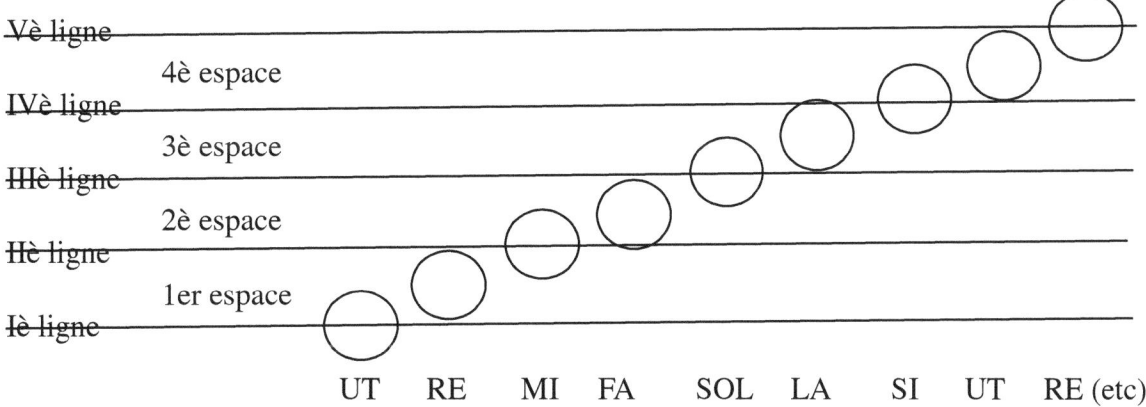

Nous avons eu l'occasion d'examiner un manuscrit de la fin du XVIIème siècle, vraisemblablement une méthode de clavecin et de violon. Il semble qu'il s'agisse de leçons données effectivement : après un tableau des notes sur es différentes positions du manche, l'auteur alterne transcriptions d'airs à la mode et leçons de solfège (sur les altérations, les silences), un peu comme un « pense-bête » à l'usage de son élève. Ou peut-être est-ce l'élève (adulte, à en juger par l'écriture) qui a noté ces airs et ces indications sur les conseils de son professeur.

3. La Technique Instrumentale.
a) L'archet.

Presque tous les maîtres précisent que c'est l'archet qui fait le beau son, mais peu décrivent des exercices de sonorité ou de sons filés : ceci se trouve surtout mentionné dans des correspondances de virtuoses donnant des conseils à leur élèves :

- Une lettre de Forqueray à S.A.R. Monseigneur le Prince de Prusse (Frédéric-Guillaume II, lettre conservée dans les archives historiques de Merseburg, D.D.R.) [47] insiste sur ces points précis : bras droit souple, archet perpendiculaire à la corde et horizontal ; le maître dit à son élève qu'il lui envoie des pièces *« pour vous donner de la légèreté dans les doigts, dans l'archet, et de la précision dans le jeu »*.

- Une lettre de Tartini que nous reproduisons ici [48] traite d'abord de la conduite de l'archet puis de la main gauche, point que nous traiterons dans le chapitre suivant. L'auteur recommande de travailler de deux manières opposées :

1) Soit l'archet « à la corde », en atténuant au maximum l'attaque, soit en levant l'archet pour bien détacher toutes les notes.
2) Travailler soit tout l'archet, en sons filés, soit sur une petites portion d'archet (pour le violon : d'abord au tiers supérieur, puis au milieu).
3) Jouer les mêmes exercices en les commençant d'abord en tirant l'archet, puis en poussant.

<u>Extrait d'une Lettre de Tartini à une de ses élèves</u> (5 Mars 1760) :

« En général, le principal objet de votre étude, et ce que vous devez le plus exercer, c'est l'archet dont il faut que vous vous rendiez absolument maîtresse, soit pour le goût, soit pour l'exécution. Attachez-vous d'abord à poser l'archet sur la corde avec tant de légèreté, que le commencement du son que vous tirez soit comme un souffle, et que la corde ne paraisse pas être ébranlée : cela

---

47 <u>In :</u> *Recherches sur la musique française classique,* 1962, II, article d'Yves Gérard : *« Une lettre de Forqueray »,* fin 1767-début 1768, pp. 165 à 171.
48 <u>In :</u> *« Journal de musique pour une société d'amateurs »,* directeur Ch.J.Mathon de la Cour, 1773, n° 2, op.cité.

consiste dans la légèreté du pouce, et à continuer tout de suite le coup d'archet en renforçant autant qu'on veut ; car, quand on a commencé à l'appuyer légèrement, on n'a plus à craindre de sons aigres ni durs. Assurez-vous de cette manière d'appuyer l'archet dans toutes les situations, soit que vous le preniez au milieu ou aux extrémités, et dans les <u>tirés</u> comme dans les <u>poussés</u>.

Pour ne s'y prendre qu'une fois, commencez ces sons filés sur une corde à vuide, la seconde, par exemple, qui est <u>l'Amila</u>, commencez très-doux, et que votre son augmente peu à peu jusqu'à ce qu'il soit très-fort. Faites cet exercice également en tirant comme en poussant. Employez à cette étude au moins une heure par jour, mais pas de suite, un peu le matin, un peu le soir ; et souvenez-vous bien que c'est là l'étude la plus importante et la plus difficile de toutes. Quand vous serez rompue à cette manière, vous ferez très-aisément les sons filés qui commencent très-doux, deviennent très-forts, et reviennent très-doux dans le même coup d'archet. Vous aurez alors avec certitude et facilité la meilleure manière d'appuyer l'archet sur la corde, et vous ferez de votre archet tout ce que vous voudrez. Pour acquérir cette légèreté de pouce, d'où naît la rapidité de l'archet, il sera très-bon de jouer tous les jours quelques fugues de Corelli toutes composées de double croches. Il y a trois de ces fugues à violon seul dans son cinquième œuvre. La première est dans la première Sonate en <u>Dlaré</u>. Jouez en peu à la fois, de plus en plus vite, jusqu'à ce que vous en soyez venue à les exécuter avec la plus grande rapidité. Mais il faut vous avertir de deux choses, la première de détacher l'archet, c'est-à-dire de perler si bien chaque note, qu'il paraisse y avoir un vuide entre une note et l'autre.

Elles sont écrites ainsi :

Jouez-les comme si elles l'étoient ainsi :

De façon à ne vous servir d'abord que de la pointe de l'archet ; ensuite, quand vous serez sûr de les bien faire de cette manière, commencez à les faire avec cette partie de l'archet qui est entre la pointe et le milieu, et quand vous serez assurée de cette nouvelle situation de l'archet, étudiez alors de même à les faire du milieu, observant surtout dans chacun de ces exercices, de commencer les fugues tantôt en poussant, tantôt en tirant. Gardez-vous de vous habituer à les commencer toujours en poussant.

Pour acquérir cette légèreté d'archet, il est très-bon de sauter sur une corde, et d'exécuter des fugues de double croches faites de cette manière :

Vous en pouvez faire ainsi à volonté tant qu'il vous plaira, dans tous les tons et cela est véritablement utile et nécessaire.

À l'égard de la main gauche et du manche, je n'ai qu'une chose à vous recommander d'étudier ; elle renferme toutes les autres. La voici : prenez une partie de violon quelconque, soit de premier, soit de second, soit d'un concerto, d'une messe, d'un motet, tout est bon : posez la main, non pas à sa place ordinaire, mais à la demie position du démanché, c'est-à-dire le premier doigts sur le <u>sol</u> de la chanterelle, et tenant la main toujours dans cette position, jouez toute votre partie sans jamais changer la main de place, à moins que vous n'ayez à toucher le <u>la</u> sur la quatrième, ou le <u>ré</u> sur la chanterelle ; mais remettez-vous tout de suite à votre demie position, et jamais à la position naturelle. Exercez-vous à cela jusqu'à ce que vous soyez sûre de jouer ainsi *tout ce qu'on vous présentera (excepté des solo) à la première vue. Ensuite la position entière : démanchez en faisant le la du premier doigt sur la chanterelle ; et faites avec ce second démanché absolument la même étude que vous avez faite avec le premier. Habituée encore à celui-ci, passant au troisième en faisant le si sur la chanterelle, et rendez-vous en maîtresse comme des autres. Faites-en autant du quatrième, le premier doigt sur l'ut de la chanterelle. Enfin, quand vous serez familière avec cette échelle de démanché, vous pourrez dire que vous possédez votre manche. Cette étude est fort nécessaire, et je vous le recommande.*

Je passe à la troisième, qui est celle des trilles. Il faut les faire lents, modérés et rapides ; c'est-à-dire, qu'ils soient battus d'abord avec lenteur, ensuite plus rapidement, et finir avec la rapidité la plus grande. On a grand besoin de cette variété dans la pratique ; car il ne faut pas croire que les mêmes trilles qui conviennent à un morceau lent, soient aussi propres à un morceau vif. Pour faire ces deux études en une fois et du même travail, commencez sur une corde à vuide, soit la seconde ou la chanterelle, un coup d'archet soutenu comme un son filé, et commencez votre trille lent, et peu-à-peu par degrés insensibles conduisez-le à la plus grande vivacité comme dans l'exemple suivant :

Au reste ne prenez pas à la rigueur cet exemple où les double croches sont suivies de triples. Ce seroit un saut, et non pas une gradation ; mais imaginez plusieurs notes de valeur moyenne entre les doubles et les triples croches comme entre les autres. Faites cet exercice avec assiduité et avec attention, et faites-le absolument sur une corde à vuide ; car quand vous le ferez bien ainsi, vous le ferez encore mieux du second et du troisième doigt et même du quatrième, qui demande un exercice particulier. »

- Hyacinthe Azaïs [49], dans sa *Méthode* (1790), recommande au violoncelliste de s'appliquer à acquérir de la puissance, du son, au moyen d'exercices de sons filés, forts, en allongeant tout l'archet et en appuyant bien la main gauche.

Il faut noter qu'en ce qui concerne le violoncelle, l'usage de la pique (du « bâton », dit Corrette) n'est pas encore généralisé au dix-huitième siècle, d'où un petit manque de stabilité qui peut nuire à la sonorité. Nous renverrons pour cette question à l'ouvrage de Sylvette Milliot [50] qui traite en détail de l'évolution de la technique du violoncelle à cette époque.

Par contre, les coups d'archet obéissent à des règles bien précisées, et tous les traités consacrent à ce problème au moins un chapitre ou paragraphe.

À la fin du dix-septième siècle, la différence fondamentale se situe entre la viole (basse de viole) et le violon (ou dessus), la première, de par sa tenue, exigeant des coups d'archet inverses de ceux du second. Jean Rousseau explique ainsi cette particularité dans son *Traité de la Viole* de 1687 :

> *« De plus on sçait que c'est une des choses qui met de la différence entre la Viole et le Violon ; parce que le coup d'archet est tout opposé, et qu'il faut pousser sur la Viole ce qu'on tire sur le Violon, et qu'il faut pousser sur le Violon ce qu'on tire sur la Viole. La raison de cette différence est qu'au jeu de la Viole la force du bras est en poussant, et qu'au Violon elle est en tirant, à cause de la différente manière de tenir ces deux instruments, et c'est aussi pour cela qu'à la Viole on pousse les longues, et que l'on tire les brèves ; ce qui se fait d'une manière contraire au Violon.*
>
> *Quelques Maistres veulent que pour le coup d'archet on se règle sur les notes de mesme valeur, dont le nombre est pair ou non pair. Quand il est pair ils veulent que l'on commence en poussant, et quand il est non pair ils veulent que l'on tire : comme aussi lors que dans la suite du jeu il se rencontre des Croches*

---

[49] Hyacinthe Azaïs (1741-1796), compositeur français.
[50] Sylvette Milliot : *Le violoncelle en France au 18ème siècle,* Paris, Champion, 1981, 2/1985.

ou double Croches, dont la première se trouve en tirant, et dont le nombre est pair, ils veulent que l'on tire la première et la seconde, et s'il est non pair que l'on suive le coup d'archet ; mais comme le nombre de plusieurs notes n'est pas toujours facile à distinguer aussi promptement qu'il est nécessaire, et que souvent ces règles sont sujettes à quelqu'erreur, je trouve qu'il est plus sur, et mesme plus facile de se régler sur la valeur des notes par rapport aux temps et à la mesure. »

Suit une description détaillée des coups d'archet de l'exemple qui suit [51] :

_____

[51] Rousseau, Jean : *Traité de la viole*, op.cit.

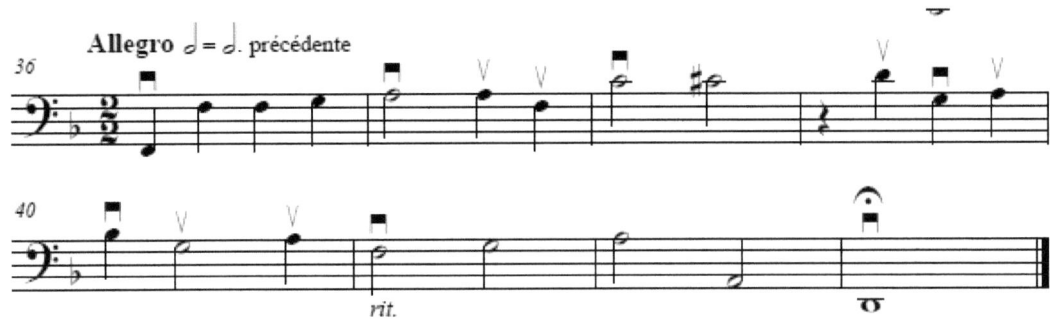

V = pousser l'archet,
◼ = tirer l'archet.

Ce sont les signes employés actuellement. Rousseau rédige des explications et les auteurs du 18ème siècle écrivent souvent T = tirer et P = pousser.

Le violoncelle n'obéira plus à cette règle. Michel Corrette posera de façon très précise les règles des coups d'archet :

- Temps fort en tirant.
- Anacrouse en poussant.
- Rectifier par une liaison dans le cas d'un nombre impair de notes.

Dès Montéclair (1711) et Corrette (1738 pour le violon, 1741 pour le violoncelle), les règles sont posées pour tous les instruments à archet.

Corrette s'en explique ainsi dans l'introduction de sa Méthode de violoncelle :

« Des coups d'archet que l'on fait de suite en poussant :

On pousse deux fois du même coup d'archet 2 ♪ ou 2 ♪ quand la première se trouve en poussant :

Si à la fin d'une phrase de chant la dernière note se trouve V et suivie d'un ⁊, la suivante sera V, le ⁊ représentant dans cette occasion le silence d'une ♪ longue ; ainsi toute ♪ ou ♪ brèves doivent être V, le coup d'archet que l'on donne en poussant étant naturellement plus bref qu'en tirant. Quand on pousse deux fois de suite deux notes, il ne faut pas retirer le bras pour faire la deuxième note. C'est-à-dire que le coup d'archet se partage en deux parties égales avec cette différence, si c'est pour 2 ♪, qu'il faudra pousser plus vite le deuxième coup d'archet pour exprimer la ♪ brève. Si dans le courant d'une pièce une ♩· est ∨ il faudra encore ∨ la ♪ suivante.

On pousse ainsi une ♩ précédée d'une ♩ ∨, mais ces mêmes passages se peuvent faire en tirant 2 fois où pour lors le deuxième coup d'archet ⊓ sera pour la note longue : ⊓ ♪∨ ⊓ ou ⊓ ⊓ ∨ .

Ainsi les deux notes ∨ du même coup d'archet n'arrivent guère que pour 2 ♪ ou 2 ♪ quand la première est ∨ .

Des coups d'archet que l'on fait de suite en tirant :

Cela se pratique quand à la fin d'une phrase de chant la dernière note est ⊓. Comme cette note représente nombre pair il faut tirer celle qui suit qui est aussi nombre pair : ⊓ ⊓ ∨ .

Au contraire, si à la fin d'une phrase de chant la dernière note représente non pair pour lors on suit le coup d'archet à la manière ordinaire : ⊓· ∨ .

Ainsi les deux coups d'archet de suite ⊓ ne se rencontrent à la fin d'une phrase que quand la note est un nombre pair et la 2ème aussi : ⊓ ⊓ .

Dans les mesures à 6/8, 9/8, 12/8, les coups d'archet vont de suite. Cependant s'il se trouve une ♩ dans le 1er ou le 2ème temps de la mesure et qu'elle se trouve en poussant il faut pousser la ♪ qui suit surtout quand cela conduit à la fin d'une phrase : ∨ ∨ ⊓· . Il faut aussi remarquer que si la pièce commence en levant il faut pousser la levée : ∨ ∨ . On tire aussi toutes notes entremêlées de 𝄽 ― , et de mesures entières.

Au reste il ne faut pas dans tel mouvement que ce soit être esclave des coups d'archet, pourvu que l'on observe bien les longues et les brèves. Il importe peu à celui qui écoute comment se fait tel coup d'archet ; j'ai même entendu des italiens qui jouaient comme les coups d'archet se trouvaient sans s'embarrasser de V ou ⊓ deux fois. D'autres au contraire font quelquefois 7 ou 8 notes du même coup d'archet V ou ⊓ comme Lancetti. Il n'y a pas de règle sans exceptions. »

Il nous faut préciser la différence entre deux notes du même coup d'archet et une liaison, appelée quelquefois « coulé » : deux « tirés » ou deux « poussés » imposent de marquer la césure, d'arrêter l'archet entre les deux notes ; au contraire, une liaison est faite sans que l'archet ne réagisse, avec le seul concours de la main gauche :

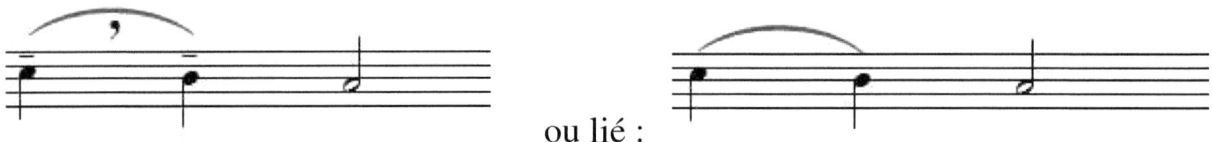

ou lié :

La deuxième manière (lié) s'impose dans un mouvement rapide.

Les mêmes consignes apparaissent dans l'exemple suivant, pris dans l'ouvrage de Brijon : « *Réflexions sur la musique et la vraie manière de l'exécuter sur le violon* » (Paris, l'auteur, 1763) : temps fort en tirant, on rectifie dans le cas d'un nombre impair de notes ou d'une valeur pointée. Il faut noter qu'il n'y a pas de grandes liaisons, au plus par deux. La constatation de ce fait chez nombre de compositeurs de l'époque amène souvent les exécutants actuels à jouer « tout détaché » toute la musique du XVIIIème siècle, alors que souvent les partitions ne s'y prêtent pas. D'ailleurs Michel Corrette lui-même présente dans ses méthodes des exercices sur différents coups d'archet : lié par 2, par 3, par 4, 2 liés/1 détaché, 1 détaché/2 liés, des grandes liaisons sur des rythmes complexes, etc … Nous avancerons tout au plus que la plupart des pédagogues de l'époque faisaient d'abord jouer leurs élèves « détaché », en se contentant de rétablir le coup d'archet juste dans les cas énoncés précédemment. Ce n'est qu'au bout de quelque temps d'étude que ceux plus avancés étudiaient les liaisons plus complexes. D'ailleurs la manière « détachée » correspond à la façon de jouer une basse continue d'accompagnement, les coups d'archet plus longs ne se rencontrant que dans des sonates ou des concertos de solistes, plus difficiles.

C.R.Brijon : Exercices, extraits de *« Réflexions sur la musique et la vraie manière de l'exécuter sur le violon »* :

Ici, tout est noté : la pièce a un but pédagogique bien précis : apprendre à utiliser le bon coup d'archet.

Mais, dans la plus grande partie des éditions ou des manuscrits de l'époque, les compositeurs ne notaient que très peu les coups d'archet : il n'est que de voir le nombre de versions qu'ont élaboré les exécutants des *Suites pour violoncelle seul* de Jean-Sébastien Bach … (nous en connaissons au moins cinq, toutes bien différentes!) mais il s'agit de la première œuvre pour violoncelle seul écrite par un non-violoncelliste, les liaisons sont seulement suggérées dans le manuscrit.

Léopold Mozart (1719-1787, le père de Wolfgang, rappelons-le), dans sa *Méthode raisonnée pour apprendre à jouer du Violon,* traduite et parue en France en 1770, insiste, lui, dès le début sur les règles de coups d'archet. Après une introduction expliquant la tenue du violon, de l'archet, de la main gauche, il énumère en les illustrant d'exemples ces diverses règles :

- Tirer le 1er temps de chaque mesure *(ex.1)*.

- Pousser toute note précédée d'un demi-soupir, quart de soupir ou huitième de soupir *(ex.2)*.

- Exception : en 3/8 ou en 6/8 *(ex.3)*.

- Tout temps composé de 2 notes est tiré *(ex.4),* sauf quand le mouvement est rapide *(ex.5)*.

- Un 2ème ou 4ème temps composé de   est joué   piqué, s'il est composé de   il est joué   coulé.

- Exception : *ex.6.*

- « *Quand un tems consiste en 3 notes dont l'une est longue et les 2 autres brèves, on coule les 2 brèves d'un coup d'archet, et quand une des brèves est pointée, on les exprime de même, excepté quand on doit les détacher* ». *(ex.7).*

Exemples musicaux :

Il termine son ouvrage avec un tableau des rythmes, étude des différents rythmes et coups d'archet sur les mêmes notes.

Léopold Mozart : Etude des rythmes.

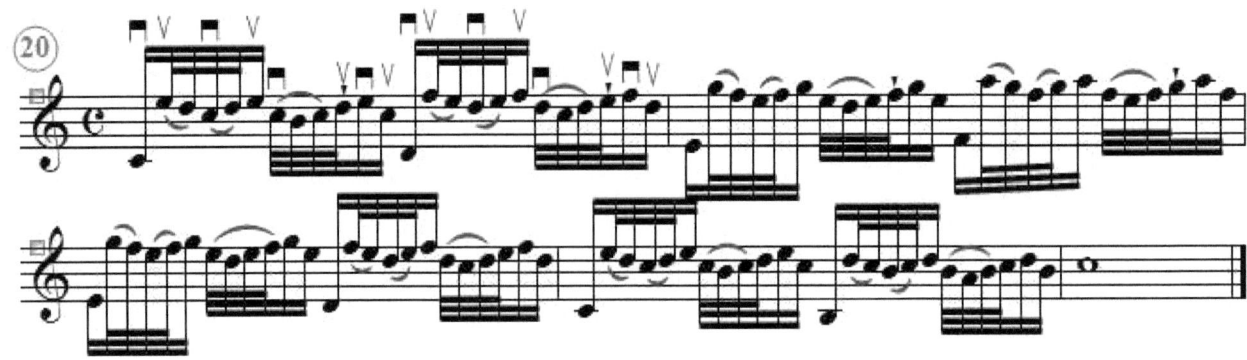

Le type d'exercice qui suit se retrouve dans la plupart des ouvrages, qu'il soit appelé « *batterie* », « *arpeggio* », ou « *exercice sur plusieurs cordes* ».

Jean-Benjamin Laborde

1. : Coups d'archet en batteries.
2. : Coups d'archet arpégés.

etc ...

b) La main gauche.

Toutes les méthodes commencent la partie qui lui est consacrée par soit un schéma du manche de l'instrument (reste de l'ancienne notation pour la viole en tablature), soit la liste des notes par cordes en première position.

Tableau du manche de la viole, d'après le traité de Jean Rousseau :
Manche Chromatique :

LA	RÉ	SOL	UT	MI	LA	RÉ
Sillet				fa♭		
la#	ré#	sol#	ut#	mi#	la#	ré#
sol♭	mi♭	la♭	ré♭	fa	si♭	mi♭
si	mi	la	ré	fa#	si	mi
ut♭	fa♭			sol♭	ut♭	fa♭
si#	mi#	la#	ré#	sol	si#	mi#
ut	fa	si♭	mi♭		ut	fa
ut#	fa#	si	mi	sol#	ut#	fa#
ré♭	sol♭	ut♭	fa♭	la♭	ré♭	sol♭
ré	sol	si#	mi#	la	ré	sol
		ut	fa			
ré#	sol#	ut#	fa#	la#	ré#	sol#
mi♭	la♭	ré♭	sol♭	si♭	mi♭	la♭
mi	la	ré	sol	si	mi	la
fa♭					ut♭	fa♭

Dites, les guitaristes, cela ne vous dit pas quelque chose ? La notation en tablature date du Moyen Âge ... Ici, l'auteur écrit le nom des notes ; d'autres utilisent les lettres (notation anglaise et allemande), ou des chiffres pour indiquer la frette …

Sébastien de Brossard, ajoute ce croquis :

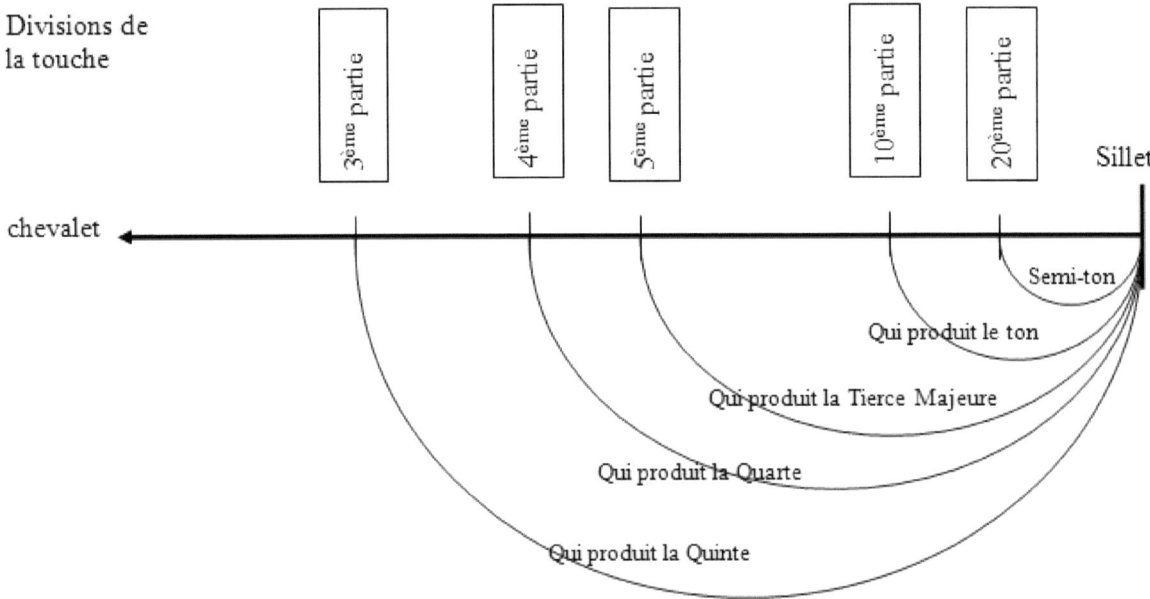

Suit en général la gamme (ut Majeur, ou sol Majeur selon l'instrument), et des exercices sur les intervalles ; puis viennent les altérations : suite d'exercices dans différentes tonalités (Corrette, Tarade, Cupis), ou gamme suivie d'un ou plusieurs exercices dans la tonalité correspondante (Azaïs, Tillière).

En voici trois exemples :

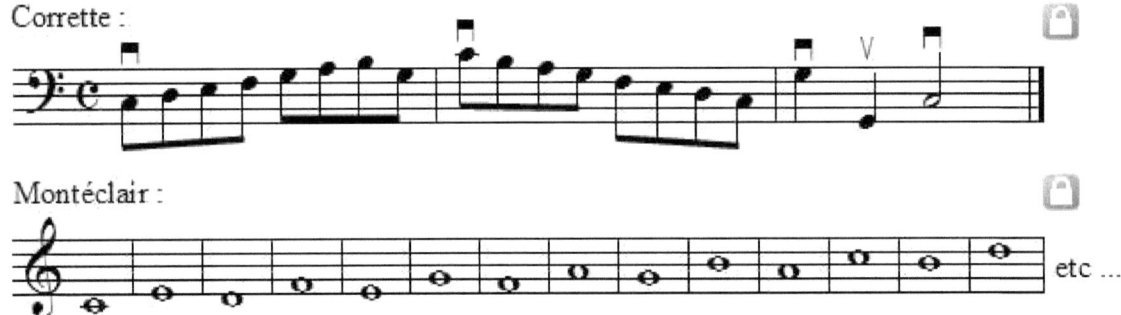

La progression diffère énormément d'une méthode à l'autre. Si celle de Brossard donne vraiment tous les rudiments d'une manière très progressive, à l'opposé celle de Tessarini saute en trois chapitres du degré « débutants » à des cadences de concerto allant jusqu'à la septième position, avec des rythmes complexes. Mais il est bien évident que cet ouvrage ne peut être suivi au pied de la lettre, il s'intitule « *Nouvelle méthode pour apprendre par théorie dans un mois de tems à jouer du violon – Divisée en trois classes – avec des leçons à deux violons par gradation* ». Les trois « classes » ou chapitres indiquent trois stades d'apprentissage.

Certains auteurs se contentent de la première position, surtout durant la première partie du siècle : la technique du violon n'est pas encore très élaborée, encore moins celle du violoncelle. C'est le cas de Montéclair (1711), Corrette (1738 ou 1741), Brijon (1763), Azaïs (1775), Léopold Mozart (1770). D'autres abordent, sinon la virtuosité, du moins les démanchés : Geminiani (1752), Tessarini (1760), Saint-Sevin (1761), Cupis (1772 ; il use même de la clé d'ut 4ème ligne), Tarade (1774), Tillière (1774 ; il aborde les double-cordes).

Dans la plupart des cas, des explications solfégiques (rythmes, tonalités) précèdent les exercices. Au début du siècle, on trouve souvent des explications stylistiques au sujet des différentes danses : c'est le cas dans l'ouvrage de Montéclair (1711), qui présente une Sarabande (en 3/2 , lent), un Menuet (en 3/4, gai), un Passepied (en 3/8, vite), une « Canaries (en 3/8 pointé, modéré), etc … À l'époque le violon accompagnait encore beaucoup les danses.

Le vocabulaire technique n'est pas encore universel : les positions sont quelquefois appelées « transport » (Tessarini), ou « ordre » (Geminiani) ; les numérotations des doigts ou des positions diffèrent selon les ouvrages (certains, tel Saint-Sevin, appellent « position naturelle » notre première position, et numérotent « 1 » à partir de la deuxième).

En ce qui concerne le choix des morceaux, il est fait de façons diverses : certains composent eux-mêmes des exercices correspondant exactement à la difficulté abordée (Corrette, Tarade), d'autres notent des airs en vogue (sans toujours en préciser l'auteur) (Saint-Sevin, Milandre), d'autres enfin écrivent, une fois les rudiments expliqués, de vraies petites « suites » ou « sonates », à deux instruments semblables ou avec accompagnement de basse continue (Tessarini, Cupis, Corrette).

c) Les ornements.

Il s'agit là d'un point très important dans la musique du XVIIIème siècle. De nos jours, il ne s'agit plus que d' « additifs » à la fin des ouvrages, et même dans les solfèges théoriques. D'ailleurs, dans nos éditions modernes, les ornements sont souvent développés, quand ils ne sont pas purement et simplement supprimés dans un souci de simplification qui ôte à cette musique tout son charme …

Les auteurs consacrent tous au moins un paragraphe à ce sujet. Un trille, par exemple, n'est développé que pour en expliquer le mécanisme, et l'auteur précise bien que l'accélération du battement doit se faire de façon progressive.

Les ornements se simplifient quand même au XVIIIème siècle, se « normalisent ». Jean Rousseau, homme du dix-septième siècle, consacre vingt pages de son traité (qui en compte environ cent vingt) à leur étude.

- Quand il faut pratiquer la cadence avec appui :

- Pour l'appui et le tremblement de la cadence :

- Cadences sans appuy (dans les mouvements légers).

- Règles pour la pratique du martellement (trille simple).

- Règles pour la pratique du port de voix :

Sébastien de Brossard, dont l'ouvrage, nous l'avons précisé, aborde les difficultés les plus primaires, précise toutefois :

« *Pour bien jouer du violon il faut :*

1) Sçavoir le tenir et placer dessus les doigts comme il faut ;

2) Sçavoir en accorder juste les cordes ;

3) En bien connoitre le manche ;

4) En bien gouverner l'archet ;

5) Y placer à propos tous les agréments du chant. »

Ce dernier point sera repris par différents auteurs, tous d'accord sur le fait qu' « il faut jouer du violon comme on chante ».

Francesco Geminiani, dont l' « Art de jouer le violon » (1752) comprend XXIV parties, chacune composée de plusieurs pages d'explications renvoyant à des pages d'exercices correspondants, en consacre deux à l'étude des ornements, avec exemples.

Brijon (1763) les présente d'une manière quelque peu similaire.

Mais c'est J.B.Saint-Sevin (1761) qui leur accorde la part la plus importante. Il distingue :

- Le Martellement : 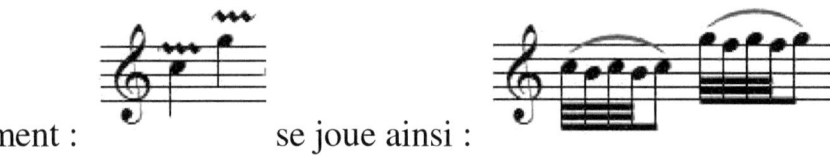 se joue ainsi :

- Le Port de voix :  se joue ainsi :

- L'Accent : 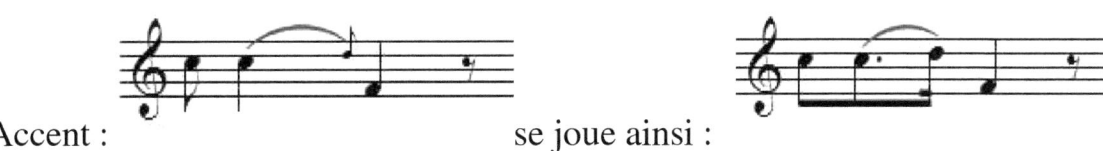 se joue ainsi :

- Le Coulé : il se fait principalement *« lorsque l'on descend de tierce »* :

se joue ainsi :

- La Cadence appuyée :

Se joue ainsi :

- La Cadence subite :

Se joue ainsi :

- La Cadence feinte :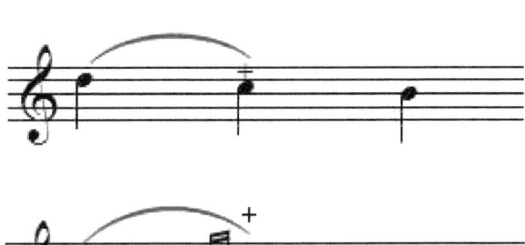

Se joue ainsi :

- La Cadence tournée :

Se joue ainsi :

Notons que le trille, s'il est indiqué, est le plus souvent représenté par une croix + et se prend par la note supérieure et sur le temps [52].

Et donc, l'interprète a tout loisir de « broder », utilisant notes de passage, appoggiatures, trilles : c'est, nous le disons encore, une musique qui a « horreur du vide ». Pensez au style baroque italien en architecture !

Pour conclure en ce qui concerne la partie technique, nous dirons que les points les plus abordés par les Maîtres du XVIIIème siècle sont :

- L'étude des ornements, en parallèle avec la technique du chant ;
- Le rythme et les coups d'archet ;
- Les tonalités, les cadences.

Si les traités diffèrent beaucoup quant à leur longueur et le style de leur contenu, tous présentent à un endroit ou à un autre ces points importants et leurs applications.

---

[52] Conseil donné par Jean-Michel Damase et nombre de musiciens connaissant les différences de styles : « prendre les trilles par la note supérieure jusqu'à Mozart ». C'est un bon point de repère pour les interprètes.

CONCLUSION

La musique tenait une place importante dans la culture du XVIIIème siècle. Tout « honnête homme » se devait d'en avoir pour le moins une teinture. On reconnaissait la difficulté de son apprentissage et les recherches de systèmes pour en faciliter le décryptage valaient bien nos modernes « méthodes actives ». Elle n'était pas séparée des autres arts, nombre d'ouvrages de vulgarisation le prouvent : tout est « support publicitaire », l'histoire, les sciences et techniques, la philologie … et même les anecdotes de la cour et de l'opéra, il suffit de lire le *Mercure* ou le *Journal de Musique*.

Les traités théoriques ont suivi l'évolution des formes musicales et de l'instrumentarium : de la méthode « pour Maître à Danser » de Montéclair à celle de Saint-Sevin (modèle pour celle du futur Conservatoire de Paris) ou de Tillière, comparables par la forme à celles de la fin du XIXème siècle ; du traité théorique de Danoville à l'ensemble d'exercices progressifs suivis de morceaux en duo d'Azaïs, un grand changement s'est opéré : la technique des instruments est pour ainsi dire établie et n'attend plus qu'un Paganini ou un Vieuxtemps pour aborder la virtuosité transcendante, développant la technique de main gauche qui n'est encore qu'ébauchée, et ajoutant à la technique d'archet.

Nous nous permettrons de formuler un souhait : que nos actuels professeurs de violon, alto, violoncelle ou contrebasse, qui se plaignent souvent que les méthodes modernes offrent une évolution trop rapide et qu'ils manquent de morceaux faciles, essaient de se pencher sur ces ouvrages afin de retrouver des exercices de technique plus simple mais plus musicale, plus proches du chant, et qui font davantage travailler la lecture de la mélodie et du rythme. Et, surtout lorsqu'il s'agit de débutants adolescents ou adultes, qu'ils leur laissent le loisir d'interpréter, de broder, d'ornementer à leur guise. Pour les jazzmen, cela va de soi, alors ?

Un instrumentiste classique doit savoir improviser : un bon exercice : « joues-moi la gamme de sol Majeur ». « Maintenant, l'arpège ». « Et maintenant, improvise en sol Majeur, en restant à 4/4 ». Ou toute autre tonalité ou mesure. L'instrumentiste se rend compte facilement s'il reste dans le ton, s'il observe les appuis, et c'est très amusant ! Si en plus on s'enregistre, et que l'on écoute, on peut être déçu ou satisfait, mais on se fait plaisir … et c'est là le principal !

INDEX DES OUVRAGES ET DES COMPOSITEURS CITÉS

Périodiques, Mémoires, Commentaires d'époque, Ouvrages Généraux :
- Ancelet : *Observations sur la musique, les musiciens et les instruments*, Amsterdam, 1757.
- Brossard, Sébastien de (1655-1730) : *Dictionnaire de Musique*, Paris, Ballard, 1673.
- Diderot et D'Alembert : *L'Encyclopédie,* parue à partir de 1751. Les articles concernant la musique sont pour la plupart de Jean-Jacques Rousseau.
- "Journal de Musique", périodique créé en 1770 par Nicolas Framery (1745-1810).
- "Journal de Musique pour une Société d'Amateurs", dirigé par Charles Mathon de La Cour (1738-1793) depuis 1773. Succéda au Journal de Musique.
- La Borde ou De Laborde, Jean-Benjamin : *Essai sur la musique ancienne et moderne*, Paris, imprimerie Ph.D.Pierres, 1780.
- *Mémoires de Littérature tirées des registres de l'Académie Royale des Inscriptions et Belles-Lettres,* 1718-1725, paru en 1731 à Amsterdam, chez Changuion.
- *Le Mercure de France :* Revue mensuelle qui succéda au Mercure Galant en 1724. Parut jusqu'en 1823.
- Rameau, Jean-Philippe (1702-1766) : *Génération Harmonique,* 1737 ; *Démonstration du Principe de l'Harmonie,* 1750.
- Rousseau, Jean-Jacques (1712-1778) : *Dictionnaire de Musique*. Paris, Veuve Duchesne, 1768.
- Titon du Tillet, Evrard (1677-1762) : Le Parnasse françois, suivi des Remarques sur la poésie et la musique et sur l'excellence de ces deux beaux-arts avec des observations particulières sur la poésie et la musique françoise et sur nos spectacles, Paris, 1732.
- Toussaint Bordet (vers 1710-vers 1775) : *Méthode raisonnée pour apprendre la musique, avec l'étendue des différents instruments* (1755).

Sources :
- Azaïs, Hyacinthe (1741-1796) : *Méthode de basse*. Sorèse, l'auteur, 1775.
- Bodin de Boismortier, Joseph : *Principes de pardessus,* œuvre 92, 1742.
- Bordier, Louis-Charles : *Principes du violon pour apprendre le doigté de cet instrument.* <u>In</u> : *Affiches, Annonces et Avis divers* du 14/8/1775.
- Bornet, Louis, dit l'Ainé : *Nouvelle méthode de violon et de musique,* 1786.
- Brijon, C.R. : *Réflexions sur la musique et la vraie manière de l'exécuter sur le violon,* Paris, l'auteur, 1763 ; *Méthode facile et très nouvelle de pardessus de viole,* 1766.
- Corrette, Michel (1707-1795) : *L'école d'Orphée, Méthode de Violon dans le goût français et italien,* 1738, 43 p. ; *Méthode théorique et pratique pour apprendre en peu de temps le violoncelle dans sa perfection,* 1741. ; *Méthode de pardessus de viole à 5 et à 6 cordes,* 1748 ; *Méthode de contrebasse à 3, 4 et 5 cordes, de la quinte ou alto et de la viole d'Orphée,* 1773, 46 p. ; *L'art de se perfectionner dans le violon,* 1782. Les œuvres de Michel Corrette furent éditées chez l'auteur, Boivin et LeClerc.

- Cottu : *Méthode de violoncelle*, 1772.
- Jean-Baptiste de Cupis de Camargo (1711-1788) : *Méthode de violoncelle,* Paris, Boyer & Le Menu, 1768 et 1772.
- Danoville : *L'Art de toucher le dessus et basse de viole, contenant tout ce qu'il y a de nécessaire, d'utile et de curieux dans cette science.* Paris, Ballard, 1687.
- Diderot, Denis (1713-1784) : *Le Neveu de Rameau,* 1761. Paris, Delaunay, 1821.
- Favier, Thierry : *Le Motet à grand Chœur (1660-1792),* Paris, Fayard, 2009.
- Forqueray, Jean-Baptiste (1699-1782) : *Méthode de viole de gambe (1767).*
- Geminiani, Francesco (1687-1762) : *L'Art de jouer le violon, contenant les règles nécessaires à la perfection de cet instrument, avec une grande variété de compositions très utiles à ceux qui jouent la basse de violon ou le clavecin.* Paris, « aux adresses ordinaires », 1752.
- Huberty : *Méthode pour apprendre à jouer de la viole d'amour,* annonce in : Almanach Musical 1777.
- Labadens : *Nouvelle méthode pour apprendre le violon,* 1772.
- La Borde ou De Laborde, Jean-Benjamin : *Méthode de violoncelle,* rubrique « violoncelle », in : *Essai sur la musique ancienne et moderne*, 1780.
- Le Blanc, Hubert : *Pamphlet pour la défense de la Basse de Viole contre les entreprises du violon et les prétentions du violoncelle*, chez Pierre Mortier, Amsterdam, 1740.
- De Machy : *Pièces de viole,* en tablature. Paris, l'auteur et Bonneuil, 1685.
- Milandre, Louis Toussaint : *Méthode facile pour la viole d'amour,* Paris, Le Menu, 1771.
- Mondonville, Joseph Cassanéa de – : *Les Sons Harmoniques,* Six Sonates pour violon et basse. Paris, Boivin et LeClerc, 1711.
- Montéclair, Michel Pinolet de – (1667-1737) : *Méthode facile pour apprendre à jouer du violon avec un abrégé des principes de musique nécessaires pour cet instrument.* Paris, l'auteur, 1711.
- Mozart, Léopold (1719-1787) : *Méthode raisonnée pour apprendre à jouer du violon,* traduction française par Valentin Roeser. Paris, Nadermann et Le Menu, 1770.
- Prin, J.B. : *Mémoire sur la trompette marine, avec l'art d'apprendre à jouer sans maître.* Lyon, 1742.
- Rameau, Jean-Philippe (1702-1766) : *Génération Harmonique,* 1737 ; *Démonstration du Principe de l'Harmonie,* 1750.
- Rousseau, Jean : *Traité de la viole.* Paris, Ballard, 1687.
- Saint-Sevin, Jean-Baptiste dit l'Abbé le fils (1727-1803) : *Principes du violon.* Paris, l'auteur ou Le Clerc, 1761.
- Tarade, Th.J. : *Traité du violon ou règles de cet instrument.* Paris, chez Melle Girard, 1774.
- Tessarini, Carlo (1690-1766) : *Nouvelle Méthode pour apprendre par théorie dans un mois de temps à jouer du violon.* Liège, chez F.J.Desoer, 1760.
- Tillière, Joseph Bonaventure : *Méthode de violoncelle.* Paris, Bailleux, 1774.

Manuscrits et Anonymes :
- Brossard, Sébastien de (1655-1730) : *Fragment d'une Méthode de violon*, Ms B.N.1711.
- Loulié, Etienne : *Méthode pour apprendre à jouer de la viole,* Ms.
- *Gamme de violon,* cité in : « Catalogue de toutes sortes de musiques vocales et instrumentales » de Melle Girard, 1777.
- *Manière de graduer un violon,* article in : *Mercure de France,* avril 1771 ; réponse in : M.F., juin 1771.
- *Méthode de violon et de clavecin,* manuscrit anonyme fin XVIIème siècle, B.N.

Ouvrages contemporains :
- Cessac, Catherine : *Marc-Antoine Charpentier,* Fayard, 1988, 2/2004.
- Champigneulles, Bernard : *L'Âge Classique de la Musique Française,* Paris, Aubier, 1946.
- Cumant, Micheline : *Le violoncelle au 18ème siècle - Méthode de Michel Corrette, augmentée d'exercices de divers auteurs, en première position.* Editions Books On Demand, 2013.
- Geoffroy-Dechaumes, Antoine : *Les Secrets de la Musique Ancienne,* Paris, Fasquelle, 1964.
- Lescat, Philippe : *Méthodes et traités musicaux en France, 1660-1800,* Editions de l'Institut de pédagogie musicale et chorégraphique, 1991.
- Loubet de Sceaury, Paul : *Musiciens et facteurs d'instruments de musique sous l'ancien régime, statuts corporatifs.* Thèse de droit, Paris, 1949.
- Maral, Alexandre : *La Chapelle Royale de Versailles sous Louis* XIV - Etudes du Centre de Musique Baroque de Versailles, Mardaga 2002.
- Mayer Brown, Howard : *L'ornementation dans la musique du XVIème siècle,* Lyon, Presses Universitaires de Lyon, 1976.
- Milliot, Sylvette : *Le violoncelle en France au 18ème siècle.* Paris, Champion, 1981, 2/1985.
- Recherches sur la Musique française classique, article d'Yves Gérard, 1962, II : "*Une lettre de Forqueray*", fin 1767/début 1768, pp. 165 à 171.

Compositeurs et Personnages :
- Agazzari, Agostino (1578-1640), compositeur italien.
- Azaïs, Hyacinthe (1741-1796), compositeur français.
- Balbastre, Claude (1727-1799), compositeur français.
- Barrière, Jean (1705-1747), compositeur français.
- Bernier, Nicolas (1664-1734), compositeur français.
- Boismortier, Joseph Bodin de (1689-1755), compositeur français.
- Bournonville, Jacques (1675-1753), compositeur français.
- Bréval, Jean-Baptiste Sébastien (1753-1823), violoncelliste et compositeur français.
- Brossard, Sébastien de (1655-1730), chanoine, théoricien et compositeur français.
- Campra, André (1660-1744), compositeur français.

- Clérambault, Louis-Nicolas (1676-1749), organiste et compositeur français.
- Collasse, Pascal (1649-1709) : compositeur français.
- Corrette, Michel (1709-1795), compositeur, organiste et claveciniste, théoricien et éditeur français.
- Couperin, François II dit Le Grand (1668-1733), compositeur français.
- Cupis de Camargo, François dit Le Jeune (1732-1808), compositeur français.
- Daquin, Louis-Claude (1694-1772), claveciniste, organiste et compositeur français.
- Darcy ou Darcis, François-Joseph (1759- après 1778), compositeur français .
- Delalande, Michel-Richard (1657-1726), compositeur français.
- Duphly, Jacques (1715-1789), organiste et compositeur français.
- Duport, Jean-Pierre dit l'Aîné (1741-1818), compositeur français.
- Duport, Jean-Louis (1749-1819), frère du précédent, violoncelliste et compositeur français.
- Forcroi ou Forqueray, Antoine (1672-1745), compositeur et violiste français.
- Gavinies ou Gaviniez, Pierre (1728-1800), compositeur français.
- Geminiani, Francesco Saverio (1687-1762), compositeur italien qui vécut à Dublin.
- Genlis, Félicité de Saint-Aubin de – (1746-1830), femme de lettres française, auteur d'ouvrages sur l'éducation des filles, gouvernante de Louis-Philippe.
- Grétry, André Modeste (1741-1813), compositeur né à Liège, vécut à Paris.
- Guignon, Jean-Pierre (francisation de Giovanni Pietro Ghignone) (1702-1774), violoniste et compositeur d'origine italienne.
- Haydn, Franz-Joseph (1732-1809), compositeur autrichien.
- Huberty, Joseph (1722-1791), compositeur français.
- Le Clair, Jean-Marie (1697-1764), violoniste et compositeur français.
- Le Duc, Simon dit l'Aîné (1745-1777), compositeur français.
- Le Duc Pierre, frère du précédent (1755-1816), compositeur français.
- Louis XIV (1638-1715), Roi de France. Pratiquait la guitare et était bon danseur dans sa jeunesse.
- Louis XV (1710-1774), Roi de France, arrière-petit-fils de Louis XIV. Il n'avait que peu de goût pour la musique.
- Louis XVI (1754-1793), Roi de France, petit-fils de Louis XV. Sous son règne furent créés l'Ecole de Danse de l'Opéra de Paris et le Droit de propriété des auteurs et compositeurs de musique, proposé par Beaumarchais en 1777.
- Loulié, Etienne (né en 1702), compositeur français.
- "Madame" : Elisabeth-Charlotte de Palatinat-Simmern dite "La Palatine" (1652-1722), épouse de "Monsieur, frère du Roy", Philippe d'Orléans.
- Marais, Marin (1656-1728), violiste et compositeur français.
- Marini, Biagio (1597-1665), compositeur italien.
- Mondonville, Jean-Joseph Cassanea de (1711-1772), compositeur français.
- Montéclair, Michel Pinolet de – (1667-1737), compositeur français.
- Mouret, Jean-Joseph (1682-1738), compositeur français.
- Mozart, Johann Georg Leopold (1719-1787), violoniste, pédagogue et compositeur autrichien, père de Wolfgang Amadeus.

- Oberlin, Jean-Frédéric (1740-1826), pasteur, auteur d'une méthode de lecture et apôtre du progrès social.
- Paganini, Niccolo (1782-1840), violoniste et compositeur italien.
- Pagin, André Noël (1721-1785), compositeur français.
- Philidor, Anne Danican dit (1681-1728), compositeur et hautboïste à la Chapelle Royale.
- Rameau, Jean-Philippe (1683-1764), compositeur français.
- Rousseau, Jean-Jacques (1712-1778), philosophe, écrivain et compositeur genevoix.
- Sainte-Colombe, Jean de - (vers 1640-vers 1700) : violiste et compositeur français.
- Saint-Sevin, Joseph Barnabé dit l'Abbé le fils (1727-1803), compositeur français.
- Schubert, Franz (1797-1828), compositeur autrichien.
- Senallié, Jean-Baptiste (1687-1730), compositeur français.
- Tarade, Théodore Jean (1701-1788), pédagogue et compositeur français.
- Tartini, Giuseppe (1692-1770), violoniste et compositeur vénitien.
- Tessarini, Carlo (1690-1766), compositeur italien.
- Vieuxtemps, Henri (1820-1881), violoniste et compositeur belge.